アジ研選書47

マクロ計量モデルの基礎と実際

― 東アジアを中心に ―

植村 仁一 編

アジア経済研究所
IDE-JETRO

は じ め に

　本書は，大学学部レベルの経済学，統計学および計量経済学の基礎知識をもち，マクロ計量モデルをツールとして習得しようと考えている読者を対象とするものである。あたかもつかみどころのない現実経済を何らかの形で単純化・可視化することによって手元に引き寄せ，分析するための「経済モデル」と呼ばれる枠組みが，古くからさまざまな研究者・実務者によって開発・利用されてきた。本書でとり上げるマクロ計量モデルは，1950年代に米国のローレンス・クライン（ミシガン大学講師・当時，のちペンシルバニア大学教授，1980年ノーベル賞受賞）によって考案され，その後各国の研究者や政策担当者らによって広く活用されてきた手法である。

　その後，さまざまな議論・論争と幾多の紆余曲折を経てマクロ計量モデルは現在でも，一種の「成熟したツール」として広く用いられている。ここで「成熟した」という言葉の意味合いをたどれば，

(1) マクロ計量モデルが最先端のツールと認識されていた時期
(2) 問題点が発見され，議論がなされ，あるいは新たな別の枠組みが提唱された時期
(3) 他のモデルとの併用も含め，挙動の安定性（使いやすさ）などからある程度信頼に足るものとして活用されている現在

という歴史の審判を経てきた，ということである（詳細は本書第1章や渡部 (2014) などを参照のこと）。

　これはちょうど，物流の多くの割合を鉄道やトラックが担っていることに似ていると感じている。もちろん個々の部品やモーター，エンジンといった部分では最先端技術も導入されているとは思うが，いまや列車やディーゼルトラックそのものは特段新しい技術ではなく，成熟したものであるといっていいだろう。同じようにマクロ計量モデルは，全体としては古臭さを感じることはあれど，部分部分に最先端のエッセンスを導入しつつ安心して使えるツールととらえることができる。

筆者はアジア経済研究所で長くマクロ計量モデルを用いた「東・東南アジアの経済予測」事業およびそれに連なる事業に携わってきた。その中で

　　(1)　マクロ計量モデルは自由である
　　(2)　マクロモデルは育てていくものである

という思いを強くしてきた。とくに2番目の点については，自分で一から作成したモデルを操作する場合と，業務の関係上他人が開発したモデルを引き継いで操作する場合の両方を経験してきたが，後者の場合，特性や挙動などがしばらくの間把握できず，まるで馴れていない動物を扱うように感じたものである。ところが，時間が経つにつれてそうしたモデルでも手に馴染み，挙動の先読みができるようになってくるのが不思議といえば不思議であった。

　こうした経験をふまえ，本書はマクロ計量モデルを実用的なツールとして作成および運用を習得する際の参考書となることを想定している。

　本書はそのタイトル「マクロ計量モデルの基礎と実際」のとおり，「基礎編」および「実際編」に当たるコンテンツから成り立っているが，第1章「実用経済モデルの系譜と本プロジェクトの位置づけ」（田口・カイ）はそのすべてを総括する導入部分となっており，本プロジェクトの根幹をなすマクロ計量モデルが各種実用モデルの中でどういう位置づけととらえられるのか，これまで開発されてきた各種実用モデルを俯瞰することによって明確にするものである。古い歴史をもつマクロ計量モデルはその進化の過程でいわゆる「ルーカス批判」（固定係数の有効性に疑義）にさらされることとなるが，その批判に基づいて開発されたのが「計算可能な一般均衡モデル」（Computable General Equilibrium：CGE）および「動学的確率的一般均衡モデル」（Dynamic Stochastic General Equilibrium：DSGE）である。本章ではこれらについてその発展過程を解説し，CGEの一発展型として，アジア経済研究所の「アジア経済研究所・経済地理シミュレーションモデル」（Institute of Developing Economies – Geographical Simulation Model：IDE-GSM）も紹介する。一方，別の流れとしてマクロ計量モデルの受けた「シムズ批判」（説明変数選択の恣意性に対する疑義）から，データのみに語らせる性格の強いモ

デルとして発達してきた「多変量自己回帰モデル」（Vector Auto-Regressive：VAR）についても言及している。

　以降の構成は以下のとおりである。「基礎編」に当たる第 2 章「マクロ計量モデルの概要」（植村）では，マクロ計量モデルとは何か，から説き起こし，対象とする経済の発展段階や応用目的により異なるモデル型があること，そしてその構築方法の概略と留意すべき点などを平易に解説している。また，モデルを用いた簡単なシミュレーション実験としてタイのケースを取り上げ，財政支出増と輸出増についてシミュレーションの精粗比較をする。このうち後者は第 6 章でも同様の仮定をおいた実験を行っている。

　「実際編」の導入部として，アジア各国でのマクロ計量モデルの応用例を紹介するのが以下の 2 章である。第 3 章「東アジア先発途上国のモデル事情——韓国・台湾を中心に——」（渡邉）では，国の機関や大学等におけるマクロ計量モデルの開発事情や利用方法を，韓国と台湾を対象に考察する。途上国経済を分析するモデルは，その経済発展の段階によってふさわしいモデル型がある。そこで，これら先発途上経済で供給型から需要型へと変遷してきた経緯をまとめている。また，モデル研究の成果として，乗数分析や政策シミュレーション等の利用場面を考察し，アジア通貨危機で打撃をこうむった韓国について，通貨危機後の経済構造の変化をふまえて再構築された代表的な韓国モデルを紹介している。経済発展の段階としてはすでに1980〜90年代に高成長をみた韓国と台湾ではデータ整備状況も当初から比較的良好であり，マクロ計量モデルを用いた分析も当時を中心に盛んに行われてきた。第 4 章「後発 ASEAN 諸国を対象としたマクロ計量モデルの構築と利用事情」（ケオラ）では，後発 ASEAN（カンボジア，ラオス，ミャンマーおよびベトナム：CLMV）と呼ばれる東南アジア諸国のなかで，とくにカンボジア，ラオス，ベトナムの 3 カ国を対象としたマクロ計量モデルの開発事情とその利用について考察する。前述のとおり，後発国と先発国との大きなちがいのひとつが統計データの整備状況である。そこで，最初にこれら 3 カ国のモデル構築に必要な統計データの整備状況を，国際機関を中心に明らかにする。つぎに，これまでに作成されたこれら 3 カ国のマクロ計量モデルはどのような主体により，どのように利用されてきたのかを

考察する。このような自然発生的なモデル構築がある一方，経済開発計画実現のための政府と政府機関によるマクロ計量モデル構築推進の事例として，ラオスのケースをとり上げている。これら後発国では，今後のさらなる経済発展とそれに伴うデータ整備に並行して，マクロ計量モデルによる分析も盛んになると期待する。

　続く2章では読者のさらなる興味を喚起すべく，「実際編」の中でもより進んだ応用を行った例を紹介する。若干テクニカルな記述も多くなるが，是非読み解いていただきたい部分でもある。第5章「人口構造の変化を考慮した消費関数の検討」（石田）では，マクロ計量モデルのひとつの応用例として，Fair and Dominguez（1991）の提唱した方法で人口の年齢構成を導入した消費関数をモデルに組み込み（Fair and Dominguez 1991では単体の関数による分析），モデル全体としてのパフォーマンス確認を行ったうえで当該国の人口構造が高齢化に向かうと仮定した場合のシミュレーション実験を行っている。第6章「東アジア地域・貿易リンクモデル」（植村）は，マクロ計量モデルのまた別の応用例として，開発された各国のモデルを貿易で相互接続し，全体としてひとつの大きなモデルとする貿易リンクモデル（システム）について解説している。貿易リンクモデルはこれまで，アジア経済研究所を含む複数の機関で開発・利用されてきた。研究所で今回開発した貿易リンクモデルは19の国・地域（その中には米国や日本，ユーロ地域といった先進地域も含む）を接続している。接続においては，従来の一次産品や工業品という財区分を離れ，国連が提唱するBEC分類という素材・中間財・最終財の財区分を採用した。これに伴い当然の要請として同区分での輸出入額や輸出入価格のデータベース構築も不可欠のものとなるため，これら指標の作成方法についても解説する。リンクシステムの構成要素としての各国モデルもまだ進化途上であるため，ごく簡単なものにとどめざるを得ないが，シミュレーション実験も行い，各国モデル間で情報（輸出入額・価格）のやりとりが行われていることも確認している。

　なお，本書で解説するマクロ計量モデルの構築およびシミュレーションにはEViewsというソフトウェアを用いているが，本書ではEViews自体の導入方法や使い方などは説明していない。興味のある読者には下記の2冊

が参考になると思う。とくに飯塚・加藤（2006）ではマクロ計量モデルを用いた分析例も収録されている。一方・滝川・前田（2006）では，実際のデータをEViewsで用いながら，基礎的な計量経済学の手ほどきがなされているので，実例を通してソフトウェアの操作法に習熟するのに役立つであろう。

飯塚信夫・加藤久和　2006　「EViewsによる経済予測とシミュレーション入門」　日本評論社
滝川好夫・前田洋樹　2006　「EViewsで計量経済学入門・第2版」　日本評論社

　同様に，本書ではある程度の理論的背景なども説明しているが，必要に応じて参考図書などを紹介していくこととするので，興味のある方はそれらを参照願いたい。

編者

平成29年10月

〔略 語 集〕

2SLS	Two-Stage Least Squares （二段階最小二乗法）
3SLS	Three-Stage Least Squares （三段階最小二乗法）
ADB	Asian Development Bank （アジア開発銀行）
AFTA	ASEAN Free Trade Area （アセアン自由貿易地域）
AS	Aggregate Supply （総供給（曲線））
ASEAN	Association of Southeast Asian Nations （東南アジア諸国連合）
BAPPENAS	Badan Prencanaan Pembangunang Nasional （国家計画開発庁 （インドネシア））
BEC	Broad Economic Categories （BEC 分類）
BLUE	Best Linear Unbiased Estimator （最小分散線型不偏推定量）
BOK	Bank of Korea （韓国銀行）
CES	Constant Elasticity of Substitution （CES（関数））
CGE	Computable General Equilibrium （計算可能な一般均衡（モデ ル））
CLMV	Cambodia, Laos, Myanmar and Vietnam （CLMV（諸国））
CO	Cochrane-Orcutt （コクラン・オーカット（法））
DSGE	Dynamic Stochastic General Equilibrium （動学的確率的一般均衡 （モデル））
DW	Durbin-Watson （ダービン・ワトソン統計量（比））
EPA	Economic Partnership Agreement （経済連携協定）
ERIA	Economic Research Institute for ASEAN and East Asia （東アジ ア・ASEAN 経済研究センター）
EU	European Union （欧州連合）
FA-VAR	Factor Augumented VAR （ファクター拡張 VAR（モデル））
FDI	Foreign Direct Investment （海外直接投資）

FIML	Full Information Maximum Likelihood（完全情報最尤法）
FTA	Free Trade Agreement（自由貿易協定）
GDP	Gross Domestic Product（国内総生産）
GMM	Generalized Method of Moments（一般化モーメント（法））
GNI	Gross National Income（国民総所得）
GNP	Gross National Product（国民総生産）
GTAP	Global Trade Analysis Project（国際貿易分析プロジェクト）
HS	Harmonized Commodity Description Coding System（HS コード（輸出入統計品目番号/税番））
IDE-GSM	Institute of Developing Economies – Geographical Simulation Model（アジア経済研究所・経済地理シミュレーションモデル）
IMF	International Monetary Fund（国際通貨基金）
IS-LM	Investment Saving – Liquidity Preference Money Supply （IS-LM（曲線/モデル））
IV	Instrumental Variable（操作変数（法））
JICA	Japan International Cooperation Agency（国際協力機構）
KDI	Korea Development Institute（韓国開発研究院）
ML	Most-Likelihood（最尤（法））
NERI	National Economic Research Institute（国家経済研究所（ラオス））
NESDB	National Economic and Social Development Board（国家経済社会開発委員会（タイ））
NIEs	Newly Industrialized Economies（新興工業経済）
ODA	Official Development Assistance（政府開発援助）
OECD	Organisation for Economic Cooperation and Development（経済協力開発機構）
OLS	Ordinary Least Squares（最小二乗法）
PW	Prais-Winsten（プレイス・ウィンスティン（法））
RBC	Real Business Cycle（リアル・ビジネス・サイクル）
RCEP	Regional Comprehensive Economic Partnership（東アジア地域包

	括的経済連携)
RMSE	Route Mean Square Error（平均平方誤差）
RMSPE	Route Mean Square Percentage Error（平均平方誤差率）
SITC	Standard International Trade Classification（標準国際貿易商品分類）
TPP	Trans-Pacific Partnership（環太平洋経済連携協定）
TU	Theil U（タイルの U（不一致係数））
VAR	Vector Auto Regressive（多変量自己回帰（モデル））
VES	Variable Elasticity of Substitution（VES（関数））
VN	von Neumann Ratio（フォン・ノイマン（比））
WCO	World Customs Organization（世界税関機構）
WDI	World Developmeng Indicators（世界開発指標（世界銀行））
WS	Work Space（ワークスペース（EViews））
WTO	World Trade Organization（世界貿易機関）

目　　次

第1章

実用経済モデルの系譜と本プロジェクトの位置づけ

田口　博之, ブー・トゥン・カイ

はじめに

　本プロジェクトは，アジア長期経済成長のマクロ計量モデルを構築することを目標としたものである。本章は，このモデルの意義と特徴を明らかにするため，その前段階の作業として，各種の実用経済モデルの系譜を示し，本プロジェクトがめざすモデルがその系譜の中でどのように位置づけられるかを明らかにすることを目的とする。

　経済モデルは，経済のメカニズムを概念的に記述する理論モデルと，実際のデータを使って理論モデルを検証するための実証モデルに分類される。また，実証モデルの目的についても，①現実の経済のメカニズムを明らかにする（経済理論の検証），②経済予測・シナリオ分析を行う，③経済政策を分析・評価する，などさまざまなものがあるが，本プロジェクトで開発するモデルが主として経済予測と経済政策の評価のために用いられることを想定しているため，本章では，経済予測と経済政策の評価のために活用されているモデルを「実用経済モデル」と呼び，これに焦点を当てて各種モデルの系譜を解説することとしたい。

　なお，本章は，それぞれのモデルについて，その優劣を示すことに目的があるわけではなく，それぞれに一長一短があり，それがどう活用されるかは，活用される用途や目的に依存する—いわゆる目的に合わせて複数の

モデルを使い分けるという Suite of Models の考え方（一上ほか，2008）——というスタンスを取っていることを最初に付記しておく。

第1節　実用経済モデルの系譜

　本節では，まずは歴史が最も古い「マクロ計量モデル」を取り上げ，それに批判的な検討を加えたいわゆる「ルーカス批判」を示し，その批判に基づいて新たに開発された「計算可能な一般均衡モデル」および「動学的確率的一般均衡モデル」を解説することとする。また，この流れとは別に，「マクロ計量モデル」に対する「シムズ批判」を受けて，統計的なモデルとして普及してきた「多変量自己回帰モデル」についてもあわせて言及することとする。各モデルの系譜の鳥瞰図は，第1-1図に示されている。

図1-1　各種実用経済モデルの系譜（フローチャート）

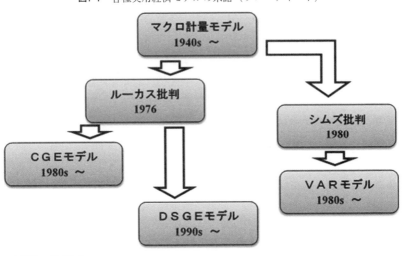

（出所）　筆者作成。

2

1．マクロ計量モデル（Macroeconometric Model）

　このモデルの開発の起源は，Tinbergen の先駆的研究（Tinbergen 1939）にはじまり，Klein および Klein と Goldberger のモデル（Klein 1950 ; Klein and Goldberger 1955）によってその原型が確立された。

　このモデルは，マクロ経済の変数間の関係を連立方程式体系で表現したもので，その構造は，いわゆるケインズ経済学を理論的な基礎としている。すなわち，IS-LM および AS（総供給曲線）の方程式が骨格となり，これを複数の財に分割したり，開放経済型に拡張したり，資本蓄積による動学的な経済成長モデルに拡張することで，方程式が数百を超える大型のモデルも開発されてきた。このモデルの特徴は，以後で述べるモデルとの比較でいえば，ケインズ経済学を基礎としている関係で，価格の硬直性や需給ギャップの存在を前提としている。よって，このモデルによって評価される経済政策については，いわゆる財政政策や金融政策といった総需要管理政策が中心であり，とりわけ財政乗数の定量的な評価は，まさしくこのモデルが最も活用される領域である。このモデルの推計上の特徴としては，消費関数，投資関数といったそれぞれの構造方程式の係数（パラメータ）を，実際に観測される時系列データを用いて計量経済学の手法（最も代表的な手法は最小二乗法）で統計的に推計する点である。

　このモデルの開発・活用事例は幅広く，各国の政府や中央銀行，OECD（たとえば INTERLINK モデル），IMF（たとえば MULTIMOD モデル）などの国際機関の政策実務の世界で開発・活用されている。日本政府が初めて実用的に導入したマクロ計量モデルは，1965年に政府が策定した「中期経済計画」において，その目標・予測数値の設定のために，経済企画庁（現在の内閣府の前身）が開発した中期マクロモデルであった（経済企画庁 1996）。その後，経済企画庁においては，短期の経済予測のためのモデルを開発（1967年に発表した短期経済予測パイロットモデル）するとともに，中期マクロモデルを多数の産業部門に拡張し（1977年に発表した「中期多部門モデル」），またモデルを開放経済に適用し世界経済とのリンクを図り（1981年に発表した「世界経済モデル」），政府としての経済計画・政策の策定と評価に役立てて

きた（斎藤 2008）。これらのモデルは，現在でも，内閣府において，中期の
モデルとしての「経済財政モデル」，短期のモデルとしての「短期日本経済
マクロ計量モデル」（方程式152）として引き継がれている。前者については，
政府の経済財政諮問会議においてマクロ経済と財政・社会保障を一体的に
議論するための定量的な根拠（たとえば基礎的財政収支の黒字化の数値目標の
根拠）として，後者についても公共投資や税制等の経済政策が実質 GDP
に与える影響を試算（浜田ほか 2016）しており，それぞれ政策の現場におい
て実用的に活用されている。

　マクロ計量モデルの開発は，1970年代に全盛期を迎えていたが，その後
は後述するように，マクロ経済学のミクロ経済学的基礎付け等に関する研
究の蓄積によって，アカデミアの世界では，このタイプのモデルが学術的
な意味で顧みられることは少なくなっている。

　２．ルーカス批判

　前述のマクロ計量モデルに大きな転機をもたらすことになったのが，い
わゆる「ルーカス批判」である。Lucas（1976）のメッセージは，「人々の行
動様式が変化すると，観察される経済変数同士の関係は崩れてしまうため，
見た目上の経済変数の関係や経験則を利用して政策を行うことはできない」
（加藤 2007）であって，政策の変更それ自体が経済主体の行動に影響を与え
てしまうため，推計された係数が固定されたままのマクロ計量モデルによ
る政策分析の有効性に疑問を投げかけたのである。

　Lucas（1976）は，マクロ計量モデルを用いた政策評価に対するこの批判
において，消費，設備投資，金融政策の３つの例（①恒常所得仮説における
所得移転の効果，②設備投資への永続的，一時的減税の効果，③永続的緩和を行
う金融政策の生産量に及ぼす効果）を示した。加藤（2007）は，上記のうちの
金融政策の効果について，１．で述べたいわゆる伝統的な IS-LM および AS
モデルと４．で後述するミクロ経済学的な基礎付けをもつ DSGE モデルとを
比較した上で，金融政策ルールを変更すれば，伝統的な IS-LM および AS
モデルにおけるパラメータも変化してしまうため，伝統的モデルによる政

策シミュレーションは意味を失ってしまうことを論証している。

　また，川崎（1999）では，消費関数を例に，従来型のモデルによる政策シミュレーションの問題点を以下のように指摘している。通常マクロ計量モデルで用いられる典型的な消費関数は，ライフサイクル仮説や恒常所得仮説に基づき，消費支出が所得と期首の資産残高に依存して決まるとされている。

$$[消費支出]＝\beta_1^*[所得]＋\beta_2^*[期首資産残高]　\cdots\cdots\cdots(1)$$

一方で，消費者の予算制約下での動学的な効用最大化問題を解くことで別途消費関数を導出すると，β_1（限界消費性向）や β_2（資産残高効果）自体も，割引率，所得成長率，利子率に依存して決まる。経済政策の変更は，消費者による将来の所得成長率や利子率についての予測を変化させる可能性があり[1]，従って，β_1 や β_2 も変化させることになる。一方で，マクロ計量モデルでは推計された β_1 や β_2 を固定したままで政策のシミュレーション分析が行われるため，その結果の信頼性に疑問が生じるというわけである。ルーカスによれば，(1)式は実は構造方程式ではなく，データ上の経験則を示す「誘導型」方程式にすぎないということになる。

3．計算可能な一般均衡モデル（Computable General Equilibrium —— （CGE）Model）

　ここで，前述のルーカス批判に応えるべく，経済主体の最適化行動（ミクロ経済学的基礎付け）を前提として，多部門から構成される経済が長期的な均衡状態にあるとして，供給サイドに働きかける構造的政策の比較静学的な効果分析を行うためのモデルが，「計算可能な一般均衡モデル」として登場した。具体的には，1970年代から，Scarf（1973）により一般均衡解の導出が容易になったことから，Shoven and Whalley（1984, 1992）に代表されるような，租税や関税などの政策変更が経済に及ぼす効果の一般均衡分析が行われてきた。

　このモデルの最大の特徴は，財・サービスおよび生産要素（資本，労働）

のすべての市場において複数の市場均衡が同時に成立すること（いわゆるワルラス法則）を前提としている点である。たとえば2家計，2産業，2生産要素からなるモデルであれば，それぞれの市場を均衡させる6本の方程式が基本となる。これを租税や国際貿易の分析に適用する場合は，超過税収の総和がゼロとなり，また世界の投資超過が貯蓄超過と等しくなるという均衡条件が加わることになる。また，このモデルは，経済主体の最適化行動—すなわち，企業は，生産水準，生産要素価格を所与として，費用最小化行動に基づいて生産要素の投入量を決定し，家計は，予算制約の下で，消費財価格を所与として，効用最大化行動に基づいて消費量を決定するといったミクロ経済学的基礎付け—を前提としている。このモデルのシミュレーション上の特徴は，均衡データを構築するために一時点のデータベース（たとえば産業連関表など）が存在すればよく，また係数（パラメータ）は，カリブレーションにより均衡データと整合的な値が設定される。この点は，係数が計量経済学の手法を用いて統計的に推計されるマクロ計量モデルと大きく異なっている。このモデルを活用することで，政策の変更が経済全体の資源配分や経済厚生に及ぼす影響を評価できるほか，一市場の均衡の変化が他の市場の均衡に波及する効果を分析することが可能となる。

　一般均衡モデルの問題点は，このモデルが租税や関税といった供給サイドに働きかける政策の効果分析に適している一方で，そもそも一般均衡であることの性格から，(1)のマクロ計量モデルで想定したような市場における価格の硬直性や需給ギャップの存在を前提としていないため，財政・金融政策といった需要サイドに働きかける政策の効果分析ができない点である。また，一般均衡モデルは，政策変更前の初期の均衡状態と，政策変更後の均衡状態を比較して，その差によって政策の経済効果を明らかにする比較静学のアプローチをとる。このため，マクロ計量モデルのように時間とともに変化する新たな均衡状態までの移行過程を描写することができず，また多くのモデルは資本の総量が固定されているため，資本蓄積と経済成長との動学的均衡過程を把握することができない（もっとも，McKibbin and Wilcoxen（1992, 1995）のように動学的な要素を織り込んだ一般均衡モデルも開発されている例がある）。

　この一般均衡モデルの代表的な例として，一般均衡モデルが国際貿易の分析に応用された GTAP（Global Trade Analysis Project）モデルについて言及しておく。GTAP モデルは，米国パーデュ大学の Hertel 教授を中心に，国際貿易が世界各国の経済に与える影響を評価する目的で，1992年に開発されたデータベース，モデルおよびソフトウェアが一体となった一般均衡モデルである（Hertel 1997参照）。最新の GTAP データベースは，2015年5月に公表された第9版で，国際産業連関表などを基礎として，140の国・地域区分，57の産業部門から構成されている（詳細については https://www.gtap.agecon.purdue.edu／参照）。このモデルは，WTO，各地域の FTA，EU やアジアの経済統合，地球環境問題などの世界貿易・経済にかかわる定量的な分析に広く活用されてきており，日本では TPP 参加が日本経済に与える影響の議論に活用されたことで注目された（内閣官房 2010）。

　一般均衡モデルを適用して，空間経済学の理論的枠組みを用いて，東アジアの内発的な経済集積を描写するために，2007年から開発されてきたものが「アジア経済研究所・経済地理シミュレーションモデル」（Institute of Developing Economics - Geographical Simulation Model: IDE-GSM）である。このモデルの特徴は，企業と個人の最適化行動を前提として，国別よりももっと詳細な州，省，県単位での各主体の立地選択を説明するものである（2014年までには，18カ国・地域の約1800地域を1万以上の陸路，海路，空路，鉄道でつないだモデルへと拡張されている）。このモデルは，主として，交通インフラやロジスティック改善による政策効果の予測や検証に活用されており，これまでにメコン地域の経済回廊の開発効果，東アジア地域包括的経済連携（RCEP）の経済効果，タイ洪水や東日本大震災の影響などが試算されており，東アジア・アセアン経済研究センター（ERIA）や世界銀行を含む国際機関などにおける政策提言にも活用されている（熊谷・磯野 2015）。

4．動学的確率的一般均衡モデル（Dynamic Stochastic General Equilibrium ── DSGE）

　このモデルも，前述のルーカス批判を背景に新しく開発されたもので，

3．のモデルと同様に経済主体の最適化行動（ミクロ経済学的基礎付け）を前提としているが，1．のマクロ計量モデルと同様に価格の硬直性や需給ギャップの存在を織り込んでおり，財政・金融政策の評価が可能であるという点に大きな特徴がある。このモデルの開発の契機となったのは，ルーカス批判が認知された1980年代以降に，経済主体の最適化行動を前提に経済にショックが生じた場合の反応のモデル化を試みたリアル・ビジネス・サイクル・モデル（RBC モデル，Kydland and Prescott 1982参照）である。1990年代になって，この RBC モデルに，不完全競争や価格の硬直性といった市場の不完全性や情報の非対称性などの要素を織り込んで体系化したものが，いわゆる動学的確率的一般均衡モデル（DSGE モデル）といわれている。RBC モデルに価格の硬直性が導入されたという意味において，もはや新古典派モデルとケインジアン・モデルの神学論争的な対立はなくなり，両者の論点はむしろモデルの定式化の問題に集約されると指摘されるようになり，このモデルは理論上，ニューケインジアン・モデルともいわれている。

　動学的確率的一般均衡モデルの特徴は，1．で述べたマクロ計量モデルと同様に，IS-LM および AS（総供給曲線）の方程式がモデルの構造の骨格となるものの，マクロ計量モデルと大きく異なる点が二つある。一つは，IS 曲線と AS 曲線に相当する式には期待所得と期待インフレ率が含まれており，人々の合理的期待形成を前提としたフォワード・ルッキングな定式化となっている点である。二つは，モデルの骨格を形成している IS，LM，AS 曲線のそれぞれが，経済主体の最適化行動から導かれるミクロ経済学的基礎付けをもった定式化となっている点である。すなわち，新しい IS 曲線は，家計の動学的最適化行動から導かれたものであるし，新しい AS 曲線—ニューケインジアン・フィリップス曲線といわれる—は，価格の硬直性に直面した独占的競争を行っている企業の動学的最適化行動から導かれるものである（LM 曲線については，テイラー・ルールなど金利ルールが適用される場合が多い）[2]。このモデルのシミュレーション上の特徴は，3．の一般均衡モデルと同様に，カリブレーションによってディープ・パラメーター（労働供給の弾力性，異時点間の代替弾力性等）を設定するが，近年ではベイズ推計の手法を用いて外生ショックとパラメータを同時推計する手法も開発されている。

モデルの妥当性・現実性のチェックについては，モデルによるシミュレーション結果と，後述する VAR モデルによるインパルス・レスポンス等を比較することによって検証される。動学的確率的一般均衡モデルは，1990年代後半以降，主として金融政策の分析ツールとして多くの論文に取り上げられ（Woodford and Rotemberg 1997；Clarida et al. 1999 etc.），また IMF 等の国際機関や各国の中央銀行の政策分析ツールとして採用されている（Botman et al. 2007；Smets and Wouters 2003 etc.）。また，日本の公的機関では，日本銀行や内閣府で DSGE モデルの研究が進められている[3]。

　一方，動学的確率的一般均衡モデルについては，以下のような問題点が指摘されている。一つは，標準型モデルによるシミュレーション結果が，現実を必ずしも適切に描写していないという指摘である。たとえば，標準型モデルで名目価格は粘着的であるが，モデルで解かれるインフレ率は「ジャンプする変数」となり，現実にはゆっくりとしか調整されないインフレ率を説明できない（Benhabib, Schmitt-Grohe, and Uribe 2001 etc.）。ただし，この点の説明力を高めるために，基本的なニューケインジアン・モデルに，過去のインフレ率に部分的に依存した名目価格や名目賃金の設定方法が考案されているのも事実である。このほか，データとのフィットを高めるために消費の習慣形成，投資の変化率に依存する資本の調整費用，可変的資本稼働率と固定費用などを導入したモデルが作成されている（Smets and Wouters 2007）。二つめは，ミクロ経済的基礎付けをもつこのモデルは，パラメータの設定においてミクロ実証分析の結果が用いられることがあるが，経済主体の多様性を前提とするミクロモデルと，代表的個人を想定するマクロモデルは，必ずしも整合的ではないという指摘もある（Browning, Hnasen, and Heckman 1999）。三つめは，モデルの実務的な運用の問題として，ミクロ経済学的基礎付けの制約を受けることから，産業部門や需要項目等の分割が行いにくく，経済の詳細を記述できないという問題点がある。

5．多変量自己回帰モデル（Vector Auto Regressive（VAR）Model）

　VAR は文献によっては「ベクトル自己回帰」とも訳されている。このモ

デルが普及した背景には，マクロ計量モデルに対する「シムズ批判」(Sims 1980) がある。シムズは，マクロ計量モデルを構成する多数の構造方程式に含める変数の選択が，経済理論に基づくとはいえ恣意的に行われており，かつモデルの体系内には，ある内生変数の説明変数に他の内生変数を取り込んで同時決定する仕組みが存在していることから，マクロ計量モデルのパラメータ推定で推定方程式の両辺に同時点の内生変数が入っているため推定バイアスがもたらされている可能性があり，推定結果の信頼性に問題があると批判した。そこで，多変量自己回帰モデルでは，こうした批判をふまえて，推定手続きを次のように行う。まず以下の誘導型と呼ばれるモデルから推定を行う。

$$y_t = \mu + V_1 y_{t-1} + \cdots + V_p\, y_{t-p} + e_t \qquad (2a)$$

ここで，y_t は n×1 の経済変数の列ベクトル，μ は n×1 の定数項の列ベクトル，$V_1 \ldots V_p$ は n×n の係数行列，$y_{t-1} \ldots y_{t-p}$ は 1 期ラグから p 期ラグまでの n×1 の経済変数の列ベクトル，e_t は分散・共分散行列 Σ をもつ n×1 の残差項の列ベクトルを示している。(2a)において現在の n 個の経済変数ベクトルは，自分自身の過去のベクトルによる自己回帰過程によって説明されると想定するもので，特定の経済理論に基づかない機械的な構造となっている。また，その右辺の説明変数が定数項とラグの変数といった先決変数 (predetermined variable) しかないので，最小二乗法で推定を行う際に前述の推定バイアスの問題が生じない。しかし，(2a)は変数間の「真」の構造ではなく，それを知るためには(2a)から次の構造型と呼ばれるモデルを識別する必要がある。

$$y_t = \gamma + W_0 y_t + W_1 y_{t-1} + \cdots + W_p\, y_{t-p} + \varepsilon_t \qquad (2b)$$

ただし，γ は n×1 の定数項の列ベクトル，$W_0, W_1 \ldots W_p$ は n×n の係数行列である。ε_t は n×1 の構造ショックの列ベクトルで平均 $E(\varepsilon_t) = 0$，分散・共分散行列 $E(\varepsilon_t \varepsilon_t') = I$（単位行列），任意の整数 $j \neq 0$ に対して $E(\varepsilon_t \varepsilon_{t-j}') = 0$（すべての要素がゼロの行列）という性質を満たす。(2b)の右辺に t 時点の変数が入っているため，最小二乗法で推定すると前述の推定バイアスの問題

が生じてしまうことに注意しよう。

　若干の式操作を行うと，(2b)の構造型モデルから(2a)の誘導型モデルと似た形に変換することができるが，その際に $e_t = A\varepsilon_t$, $V_i = AW_i(i=1, 2, ..., p)$，ただし $A = (I-W_0)^{-1}$ という対応関係が成立する。したがって，行列 A を識別できれば(2b)を識別できる。A の識別において $\Sigma \equiv \mathrm{E}(e_t\, e_t') = \mathrm{E}(A\varepsilon_t\, \varepsilon_t'A')$ $= A\mathrm{E}(\varepsilon_t\, \varepsilon_t')A' = AA'$ という関係を利用するが，(2a)の推定で得られる（対称行列である）Σ から A を識別するために追加的な制約条件を課す必要がある[4]。

　制約が異なると識別される行列 A，ひいては構造モデル(2b)自体も異なってくるため，どのような制約を課せばいいかは多変量自己回帰モデルの非常に重要なポイントとなる。また，制約が一定の妥当性をもつ必要があるので，経済理論に基づく制約が有力な選択肢の一つであると考えられ，これによって多変量自己回帰モデルを理論モデルと結び付ける道が開かれることとなる。先行文献では，Sims（1986）の短期ゼロ制約や Blanchard and Quah（1989）の長期ゼロ制約，Gali（1992）の短期・長期ゼロ制約の組み合わせ，Canova and de Nicolo（2002）や Uhlig（2005）の符号制約などのようにさまざまな制約の課し方が提案されてきた。これらの中で，行列 A の全部を識別するものもあれば，あるいはその一部だけを識別するものもある。

　多変量自己回帰モデルに基づいて，経済変数の予測，経済変数間にいかなる因果関係があるか（グレンジャーの因果関係テスト），ある変数に対して構造ショックがどのような影響を及ぼすか（インパルス応答関数），ある変数の変動に各種の構造ショックがどの程度影響を及ぼしているか（分散分解）について分析することが可能となる。また，多変量自己回帰モデルは，開放経済にも拡張され，多国間の経済変数の変動の波及を分析したものも多い（たとえば Dees et al. 2007による Global VAR 参照）。

　多変量自己回帰モデルには，いくつかの技術的な問題点が指摘されているが，その一つはモデル推定における自由度制約の問題である。このモデルが対象とするデータは時系列データであり，マクロ経済データの多くは月次や四半期，あるいは年次といった頻度で観測されているため，長い標本期間を取っても標本期間は通常数十から数百程度である。この下で，多変量自己回帰モデルで内生変数の数を増やすと，ラグの次数 (p) 次第でパ

ラメータ数が急速に増えていくので，自由度が急速に小さくなっていく。しかし，この点について近年においてベイズ手法を用いるファクター拡張VAR（Factor Augmented VAR または FA-VAR）やパネル VAR といったモデルに関する研究が進められ，この自由度の問題を改善する試みもみられている（たとえば Bernanke, Boivin and Eliasz 2005, Canova and Ciccarelli 2013, Koop and Korobilis 2009, Kose, Otrok and Whiteman 2003, Primiceri 2005, Sims and Zha 1998など参照）。

第2節　本プロジェクトで開発するモデルの位置づけ

本節では，まず最初に，これまで述べた4種類の実用経済モデル（マクロ計量モデル，CGE モデル，DSGE モデルおよび VAR モデル）について，横断的な切り口から，冒頭に述べた Suite of Models の考え方に沿ってそれらの長所と短所をまとめてみよう（図1-2参照）。

第1に，モデルは，それを裏付ける経済理論が存在するか否かで，マクロ計量モデル・CGE モデル・DSGE モデルのように経済理論に基づくモデル・グループと，経済理論の根拠をもたない VAR モデル（誘導型の場合）に分けられる。誘導型 VAR モデルは，現実の経済の姿を最も忠実に描写できるという強みはあるものの，モデルそのものはブラックボックスであり，シミュレーションの結果を理論的に解釈することが難しい。ただし，構造

図1-2　各種実用経済モデルの特徴

	マクロ計量	CGE	DSGE	VAR	本プロジェクト
経済理論	○	○	○	△	○
ミクロ的基礎付け		○	○		
需給ギャップ	○		○		○
経済成長	○	△		△	○
開放経済	○	○	△	○	○
部門分割	○	○		△	○

（出所）　筆者作成。

型 VAR モデルはその識別において理論を用いる余地があり，むしろ近年の文献では理論に基づく VAR モデルのほうが標準的になってきたということに留意しよう。VAR モデルは，経済理論に基づくモデルの妥当性・現実性を検証するために活用されるという点で，その存在意義があるといえよう。

　第 2 に，経済理論の裏付けのあるモデルは，CGE モデル・DSGE モデルのようにミクロ経済学的基礎付けのあるモデルと，それを前提としないマクロ計量モデルに分けられる。マクロ計量モデルは，経済主体の最適化行動を前提としていないという点でルーカス批判にさらされる一方で，実際に観測される時系列データを用いてパラメータが計測されるので経済の描写にはリアリティがあり，また需給ギャップや資本蓄積による経済成長についてもモデルに織り込むことができることから，財政・金融政策，成長戦略といった政策の評価が可能である。さらに，開放経済への拡張や各産業の部門分割も可能であることから，経済や政策の詳細部分の記述が可能で，具体的で操作可能な政策変数が多様な政策目標に与える影響を詳細に検証できる点は，学術的な意義はともかくとして，政府や中央銀行の政策実務での活用を考える場合に，現在においても大きな意義があるといえる。岩本ほか (2016) では，内閣府経済社会総合研究所で運営されている「短期日本経済マクロ計量モデル」について，上記と同様の評価を行っている。

　第 3 に，ミクロ経済学的基礎付けのあるモデルは，需給ギャップを想定しない CGE モデルとそれを前提とする DSGE モデルに分けられる[5]。いずれも，ルーカス批判をふまえて経済主体の最適化行動を前提としているため，経済主体の行動に大きな変化を与えるような（推計期間に経験のないような）政策レジームの変更の効果を評価する場合には欠かせないモデルといえる。CGE モデルは，租税や関税といった供給サイドに働きかける政策の効果分析に適している一方で，需給ギャップを前提としていないことから，財政・金融政策といった需要サイドに働きかける政策の効果分析ができず，また比較静学のアプローチをとるため一般均衡までの移行過程を描写することができない。一方，需給ギャップを前提としている DSGE モデルは，財政・金融政策といったマクロ経済政策の評価が可能である一方で，シミュレーション結果が現実を必ずしも適切に描写していないという指摘や，モ

デル上の制約から産業部門や需要項目等の分割が行いにくく，経済の詳細を記述できないという問題点が指摘されている。

　最後に，本プロジェクトが開発するアジア長期経済成長のモデル（以下，「本モデルという」）が，以上の実用経済モデルの系譜の中で，どのタイプのモデルに位置づけられるのかについて言及しておこう。本モデルは，上記の系譜の中では，基本的にはマクロ計量モデルである。本モデルの最大の特徴は，各国のマクロ計量モデルが各国間の貿易を通じてリンクしているという点にあり，貿易面ではＡ国のＢ国から輸入はＢ国からのＡ国への輸出に等しいという一般均衡的な体系になっているため，マクロ計量モデルと貿易面での一般均衡条件が組み合わせられた，いわばハイブリッド型のモデルといえる。ミクロ経済学的な基礎付けがないという点ではルーカス批判は避けられないが，本モデルの分析目的が必ずしも大きな政策レジームの変更を想定していないという点では，弱点が顕在化する可能性は大きくないといえよう。

　本モデルの分析のおもな視点は，1）各国のマクロ政策（財政・金融政策）や成長戦略が，貿易を通じて他国にどう波及するか，2）各国や地域の自由貿易協定や経済連携協定（関税・非関税障壁の引下げ等）が，各国のマクロ経済にどのような影響を与えるか，という政策実務的なものである。こうした視点に照らしてみると，モデルの構造は，①需給ギャップ，②資本蓄積による経済成長のメカニズム，③貿易の財別の部門分割等の要件を備えている必要があり，政策実務的な活用の観点から当然マクロ計量モデルが選択されるべきものと考えられる。

　謝辞：本論文の執筆にあたり，当研究所の三尾寿幸氏より，有益なコメントと文献の提供をいただいたことに，深く感謝いたします。

〔注〕————————————————

(1) ただし，川崎（1999）により提示されたモデルでは，経済政策を示す変数はなく，したがって政策の変更がどのように β_1 や β_2 を変化させるのか明らかでないことに注意が必要である。

(2) 動学的確率的一般均衡モデルを開放経済に拡張し，マンデル・フレミング・モデルにミクロ経済学的な基礎付けを与える試み（New Open-Economy Macroeconomics）も存在している。

(3) 日本銀行については，https://www.boj.or.jp/research/wps_rev/wps_2007/wp07e02.htm/

内閣府については，http://www.esri.go.jp/jp/prj/current_research/dsge/dsge.html参照。

(4) $\Sigma = AA'$ の式は，対称行列 Σ をある行列 A とその転置行列 A' に分解する，と解釈することができる。追加的な制約条件を課さなければ，そのような分解の仕方は無数にあると知られている。言い換えると，この場合，行列 A を識別できないことを意味するのである。

(5) ただし，ニューケインジアン・モデルにおける「生産ギャップ」は，価格の硬直性がある場合の生産量の，価格の硬直性がない場合の生産量に対する比率を指しており，いわゆる従来のケインジアン・モデルにおける現実の生産量の完全雇用生産量に対する比率を表す需給ギャップとは，厳密には概念が異なることに注意が必要である。

<h2 style="text-align:center">〔参考文献〕</h2>

＜外国語文献＞

Benhabib, Jess, Stephanie Schmitt-Grohe and Martin Uribe 2001. "Monetary Policy and Multiple Equilibria," *American Economic Review* 91(1) March: 167-186.

Bernanke, Ben S., Jean Boivin and Piotr Eliasz 2005. "Measuring monetary policy: A Factor augmented vector autoregressive (FAVAR) approach," *Quarterly Journal of Economics* 120(1) Feb.: 387-422.

Blanchard, Olivier Jean, and Danny Quah 1989. "The Dynamic Effects of Aggregate Demand and Supply Disturbances," *American Economic Review* 79(4) Sept.: 655-673.

Botman, Dennis P. et al. 2007. "DSGE Modeling at the Fund: Applications and Further Developments," *IMF Working Paper*, No. 07/200.

Browning, Martin, Lars Peter Hansen and James J. Heckman, 1999. "Micro Data and General Equilibrium Models," in *Handbook of Macroeconomics, Vol. 1A*, edited by John B. Taylor and Michael Woodford. Amsterdam: Elsevier, Chapter 8: 543-633.

Canova, Fabio and de Gianni De Nicolo 2002. "Monetary Disturbances Matter for Business Fluctuations in the G-7." *Journal of Monetary Economics* 49(6) Sept.: 1131-1159.

Canova, Fabio and Matteo Ciccarelli 2013. *Panel Vector Autoregressive Models: A Survey.*

(European Central Bank, Working Paper Series No. 1507) Frankfurut am Mein; ECB.

Clarida, Richard, Jordi Gali and Mark Gertler 1999. "The Science of Monetary Policy: A New Keynesian Perspective," *Journal of Economic Literature* 37(4) Dec.: 1661–1707.

Dees, Stephanie et al. 2007. "Exploring the International Linkages of the Euro Area: A Global VAR Analysis," *Journal of Applied Econometrics* 22(2): 1–38.

Gali, Jordi 1992. "How Well Does the IS-LM Model Fit Postwar US Data?" *Quarterly Journal of Economics* 107(2) May: 709–738.

Hertel, Thomas W. 1997. *Global Trade Analysis: Modeling and Applications*, Cambrdige. Mass; Cambridge University Press.

Klein, Lawrence Robert 1950. *Economic Fluctuations in the United States, 1921–1941*. New York; J. Wiley and Sons.

Klein, Lawrence Robert and Arthur Stanley Goldberger 1955. *An Econometric Model of the United States, 1929–1952*. Amsterdam; North-Holland.

Koop, Gary and Dimitris Korobilis 2009. "Bayesian Multivariate Time Series Methods for Empirical Macroeconomics," *Foundations and Trends in Econometrics* 3(4): 267–358.

Kose, Ayhan M., Christopher Otrok and Charles H. Whiteman 2003. "International Business Cycles: World, Region and Country-Specific Factors," *American Economic Review* 93(4) Sept.: 1216–1239.

Kydland, Finn E. and Edward C. Prescott 1982. "Time to Build and Aggregate Fluctuations," *Econometrica* 50(6) Nov.: 1345–1370.

Lucas, Robert E. Jr. 1976. "Econometric Policy Evaluation: A Critique," *Carnegie-Rochester Conference Series on Public Policy* 1(1),: 19–46.

McKibbin, Warwick J. and Peter J. Wilcoxen 1992. *G-Cubed: A Dynamic Multi-sectoral General Equilibrium Growth Model of the Global Economy*. (Brookings Discussion Papers in International Economics No. 97) Washington, D.C.; Brookings Institution.

McKibbin, Warwick L., and Peter J. Wilcoxen 1995. *The Theoretical and Empirical Structure of the G-Cubed Model*. (Brookings Discussion Papers in International Economics No. 117) Washington, D.C.; Brookings Institution.

Primiceri, Giorgio E. 2005. "Time Varying Structural Vector Autoregressions and Monetary Policy." *Review of Economic Studies* 72(3) July: 821–852.

Scarf, Herbert E. 1973. *The Computation of Economic Equilibria*. New Haver, Yale University Press.

Shoven, John B. and John Whalley 1984. "Applied General-Equilibrium Models of Taxation and International Trade: An Introduction and Survey," *Journal of Economic Literature* 22(3) Sept.: 1007–1051.

Shoven, John B. and John Whalley 1992. *Applying General Equilibrium*, Cambrdige; Cambridge University Press.

Sims, Christopher A. 1980. "Macroeconomics and Reality," *Econometrica* 48(1) Jan. 1–48.

Sims, Christopher A. and Tao Zha 1998. "Bayesian Methods for Dynamic Multivariate Models," *International Economic Review* 39(4) Nov.: 949–968.

16

Smets, Frank and Rafael Wouters 2007. "Shocks and Frictions in US Business Cycles: A Bayesian DSGE Approach," *American Economic Review* 97(3) June: 586–606.

Smets, Frank and Rafael Wouters 2003. "An Estimated Dynamic Stochastic General Equilibrium Model of the Euro Area," *Journal of the European Economic Association* 1(5) Sept.: 1123–1175.

Tinbergen, Jan 1939. *Statistical Testing of Business-Cycle Theories II: Business Cycles in the United States of America, 1919–1932*. Geneva; League of Nations.

Uhlig, Harald (2005). "What Are the Effects of Monetary Policy on Output? Results from an Agnostic Identification Procedure." *Journal of Monetary Economics* 52(2) March: 381–419.

Woodford, Michael, and Julio J. Rotemberg 1997. "An Optimization-Based Econometric Framework for the Evaluation of Monetary Policy," *NBER Macroeconomics Annual* Vol. 12: 297–361.

＜日本語文献＞

一上響ほか 2008.「中央銀行におけるマクロ経済モデルの利用状況」『日銀レビュー』 2008-J-13　日本銀行.

岩本光一郎・花垣貴司・堀雅博 2016.「「短期日本経済マクロ計量モデル」の位置づけと 役割」『経済分析』第190号　1月.

加藤涼 2007.『現代マクロ経済学講義──動学的一般均衡モデル入門──』東洋経済新 報社.

川崎研一 1999.『応用一般均衡モデルの基礎と応用──経済構造改革のシミュレーショ ン分析──』日本評論社.

熊谷聡・磯野生茂 2015.『経済地理シミュレーションモデル──理論と応用──』日本 貿易振興機構アジア経済研究所.

経済企画庁編 1996.『戦後日本経済の軌跡──経済企画庁50年史──』大蔵省印刷局.

斎藤潤 2008.「「経済財政モデル」と試算の紹介」第35回 ESRI 経済政策フォーラム「経 済政策とマクロ計量モデルの活用」におけるプレゼンテーション資料. http://www. esri.go.jp/jp/workshop/forum/080805/gijishidai35.html

内閣官房 2010.「EPA に関する各種試算」 http://www.cas.go.jp/jp/tpp/pdf/2012/1/siryou2.pdf#search＝%27%E 5 %86%85% E 9 %96%A 3 %E 5 %AE%98%E 6 %88%BF%E 3 %80% 8 C%EF%BC%A 5 %EF %BC%B 0 %EF%BC%A 1 %E 3 %81%AB%E 9 %96%A 2 %E 3 %81%99%E 3 %82% 8 B%E 5 %90%84%E 7 %A 8 %AE%E 8 %A 9 %A 6 %E 7 %AE%97%E 3 %80% 8 D%27

浜田浩児ほか 2016.「「短期日本経済マクロ計量モデル（2015年版）」の構造と乗数分析」 （資料）『経済分析』第190号　1月.

第2章

マクロ計量モデルの概要

植 村 仁 一

はじめに——マクロ計量モデルとは

　現実経済の動向を把握，分析，そしてその将来像を予測するため，多くの研究者が過去から現在にわたり数多くの種類のモデルを開発・利用してきた。分析する者によって興味の対象となる経済事象は異なるであろうし，分析結果の利用者が政策担当者か企業経営者か，あるいは大学などの学術分野の研究者かといったちがいにより，モデル構築のコンセプトは変わってくるだろう。

　第1章でみたように，こうしたモデルには構築の出発点にある分析の方向性，さらにそこから発展・派生するさまざまな経路があるため，細かい差異をみていけば非常に多くの種類があるといえる。しかし一方で，たいていの場合，モデルとはそれが現実の経済を映し出す「鏡」であることを想定して（または願って）組み立てられる[1]。

　この思想のもと，作成されたモデルは現実の経済を把握し，その行き先を占うツールとして用いられるのである。

　ところで現実の経済は，個々の動向を完全に把握することが不可能なほど多種多様にわたる経済・社会変数が複雑に絡み合い，さらに量的に把握できない情報も入り混じって構成されているということは容易に想像できる。また，オンラインシステムを通じた（すなわちほぼ瞬時に完了するといっ

てよい）資金の移動に比べれば，航空機や船舶，陸路を通じた物的・人的移動はその開始から完了までにはタイムラグが生じている。従って，「年」や「四半期」といった一定の期間内でのフロー変数はある意味便宜的に区切られたものであり，たとえば「ある期間内における資金移動と物的移動の関係」といった関係式の推定すら「ある期間内に起こったと『記録されている』情報同士の関係」を示すにすぎない。

そこで多くの場合，モデル分析とは，このような多種多様な変数をすべて取り込むことを最初から諦め，核となる変数群を取捨選択した上でその因果関係・相関関係を，経済理論および統計理論の裏づけに基づいて単純化したものによる分析であるといえる。現実を単純化するための切り口，着目する変数の数，さらに変数同士の関連の設定方法（主観的な情報で関連付けるか，客観的なデータに頼るか，といったちがいもある）など，さまざまな種類の（異なる）分析手段としてのモデルが開発されてきた。

マクロ計量モデルは，そのエッセンスだけをいえば，

(1) 複数の変数を同時に把握する
(2) 量的時系列データによる
(3) 変数間の関係は変数自体から（客観的に）決定される

という「連立方程式体系」（同時方程式ともいう）で現実経済を表現するものである。経済変数同士が連立方程式の形で相互の関連を表現していることから，その連立方程式を解くことにより，「すべての方程式を同時に満たすような多くの変数の値」が解として得られる。従って，解として得られる経済変数群が数学的な整合性を保つ。

これら方程式群は，その定式化（何を何で説明するかを方程式の形で表すこと）は分析者に任されるが，いったん式の形が定まれば，式に含まれるパラメータ（方程式の各変数に付く係数）は量的時系列データから客観的に導き出されるため，同じデータを用いて同じ定式化をすれば，誰が行っても同じ方程式が得られる[2]ことから，モデルの客観性が高いという特性も同時に併せ持つ。

これに対し，別々の経済変数を個々に（主観的に）検討している場合を考

えてみよう。いささか極端な例ではあるが，複数人が一つのグループとして「経済予測」を行おうとしているとする。各メンバーは，各変数に共通する外的条件といった予測の前提のことを互いに話し合うことなく，消費や投資，貿易の動向などを個別に決定する。ある者は過去のトレンドを引っ張ってみてそこに独自の「味付け」をして消費を予測し，別の者は専門家にお伺いを立てて輸出入動向の予測をする，という具合である。GDPも（他の変数と独立して）独自に予測値が出てくるとする。

　　例：各担当者がバラバラに項目ごとの予測（のようなこと？）をしたとする（図2-1）

　　　　消費　低下
　　　　投資　低下
　　　　政府部門　ほぼ横ばい
　　　　輸出　若干低下
　　　　輸入　ほぼ横ばい
　　　　GDP　緩やかな成長

図2-1　各担当者の予測

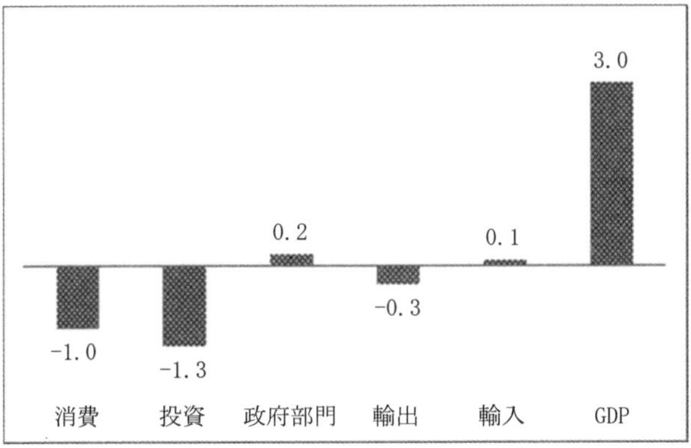

（出所）　筆者作成。

（果たして実際にこんな経済が成り立つのだろうか？）

普通に経済学や経済統計のことを知っている人であれば，このようなことは起こりえないことはすぐわかるだろう。しかし，より多くの「予測数値」が他部門にわたって作成され，部分部分の整合性は一見よいようにみえるものであったとしたらどうだろうか？

　これほどまで無軌道な（そしてすぐに露見しそうな）ものでなくても，たとえば上と同じように求められた個々の変数の総体として「国内総生産（GDP）」の予測値が算出されたとすると，それは同一の前提に従ったものでもなく，予測対象としている経済に影響のありそうな外的条件（世界経済の動向や為替動向，エネルギー価格といったものなど）が同じであるという保証もないものから積み上げられた，まことに心許ないものであるといえる（心許ないどころか，項目ごとに互いに矛盾した予測が出てくることだってありうる）。このような事後的な検証不可能な見通しは「予測」ではなく，単なる「予想」である。

　一方前述のように，マクロ計量モデルは全体で一つの連立方程式体系であるから，方程式ごとに矛盾する外生条件を与えること自体が無意味である（たとえば，輸入関数と投資関数があるとして，その両方に原油価格という外生変数が含まれている場合，前者には原油価格上昇，後者には下落，という条件設定は通常はできない）。

　また，マクロ計量モデルではすべての方程式の係数（パラメータ）は現実のデータから導き出されるものであり，そこには分析者の主観が入る余地がない。このため，同一データ，同一定式化，同一推定法であれば，誰が行っても同一のパラメータ群が得られるという客観性も保証される。今川（1979）によれば「実証モデルとはパラメーター推定のなされたモデルという意味であり，理論モデルにおいてもパラメーターの値を適宜に与えてそのモデルの機能をチェックしたものもあるが，その場合は実証モデルとは呼ばない」としている。

　このように，客観性が確保された上で全体として同一の前提に沿い，また連立方程式として個々の項目の相互の関連を維持しているため，理論と外的条件の両方と整合的な解が得られる（変数群が一貫性をもつ）のである。ただし，そこには暗黙かつ当然の前提として，構成要素である方程式群が

経済理論と整合性をもち，統計理論によってその挙動や安定性が保証されることも同時に求められる。こうした客観性と理論整合性，そして数学的特性によって解の一貫性が保たれるのである。

第 1 節　マクロ計量モデルの種類

　マクロ計量モデル分析で取り扱うデータは上記のとおり時系列のマクロ変数群であり，一国経済が全体としていかなる姿をとっているのか，どう変化してきたのか，また変化して行くのか，が興味の中心となる。

1．需要（先決）型と供給（先決）型

　それぞれ需要決定型，供給決定型とも呼ばれる。このモデル区分では，単に需要型，供給型と呼び習わしているが，それぞれ核となる GDP の定義（第 4 節で解説）として，需要型では GDP は各需要項目の総和として定まるとする一方，供給型では GDP は各産業の生産（付加価値）の総和として定まるとするものである。

■需要型　　GDP は需要項目（支出側）の総和として定義される。核となる GDP 定義式はたとえば以下のようになる。

$$GDP＝民間（消費＋投資）＋政府（消費＋投資）$$
$$＋在庫増減＋（輸出－輸入）$$

　政府部門を一本化するなど，分析目的によって集計の度合いが変わることもあるし，公表されているデータの制約に左右されることもある（たとえばインドネシアの国民経済計算では「民間投資」「政府投資」が合算された「（総）投資」として公表されているし，韓国の投資は長らく「民間」「政府」の区分ではなく，「設備」「建築」の区分で公表されてきた）。また，輸出入も財・サービス別に公表される国もある。いずれにせよ，こうした項目別に与えられるデー

タをもとに民間消費や民間投資といった需要項目の関数が推定され，それらを組み合わせたものがモデルとなる。

（例）消費関数

　　消費＝f［可処分所得，消費者物価，賃金水準，…］

■**供給型**　　GDP は供給項目（生産側）の総和として定義される。分析の目的により，さらに細かい産業分類を行うことも当然想定される。

　　GDP＝第 1 次産業（の付加価値）＋第 2 次産業（同）
　　　　　＋第 3 次産業（同）

各産業の付加価値の関数を推定し，それを組み合わせてモデルの核とする。生産関数にはたとえばコブ—ダグラス型生産関数などを適用する[3]。

（例）第 i 次産業のコブ—ダグラス型生産関数

$$\text{VA}_i = v_i\, AK_i^{\alpha}\, L_i^{1-\alpha}$$

VA_i：第 i 産業の付加価値額，v_i：付加価値率，A：技術進歩係数，K_i：資本，L_i：労働，α：資本分配率（$1-\alpha$）：労働分配率，（$0<\alpha<1$）

2．モデル型の選択について

はじめに，以下の記述をみていただきたい。これは，経済の発展段階によって適用にふさわしいマクロ計量モデルの型が異なることを示している。

(1)　1950–60年代の日本経済：供給型モデルが多く適用された
(2)　1960–70年代の ASEAN 経済：供給型モデルが多く適用された
(3)　1980年代に入り，ASEAN でも，とくに輸出が経済に大きな寄与をするようになると，需要型モデルが多く適用された

そしてこの事実は経済発展の度合いによって経済の隘路（ボトルネック）が供給側から需要側に移行していることを示している。つまり ASEAN の例

でみると1960-70年代には十分な有効需要に対して供給側に経済の隘路があった（つまりモノをつくりさえすればそれは確実に需要の対象となるが，資本財や熟練労働者といった供給能力が不足していた）といえるし，80年代後半以降になると，むしろ隘路は需要側にある（資本財や労働力のような供給能力は十分になってきたがそれを使い切る有効需要が不足する）という事態に移行してきたといえる。

　通常，経済分析というのは豊富に存在するものには興味はなく，どうすれば不足しているものを補えるのかを考えるものであるから，これらモデル構築のコンセプトが供給型から需要型へと移行しているのは自然な流れである[4]（この点については第3章（渡辺），第4章（ケオラ）もあわせて参照されたい）。

　なお，ここには現れていないが，70年代以降の日本（輸出が経済に大きく寄与）や，日本等の先進国より一歩遅れて（しかしASEANよりは若干早く）開発が進んだ韓国・台湾といったかつてアジアNIEsと呼ばれた経済群についてもモデル開発に関しては同様の経過をたどっている。アジア経済研究所では1980年代前半から本格的なマクロ計量モデル開発が始まったが，1985年時点で供給型であった韓国モデルは1987年に需要型へと移行している（植村 2010）。

3．短期モデルと長期モデル

　需要型モデルと供給型モデルはまた，上記のような発展段階によるのとは別な側面からもとらえられる。

　需要型モデルでは，輸出に関しては「小国の仮定」をおく。すなわち，（自国を除く）世界経済向けの輸出は外生的に定まり，海外からの需要に応じて供給能力の限界まで供給できるとする。一方，輸入は自国の購買能力である所得（GDP）に制約を受ける。

　このような特性から，需要型モデルによる経済予測を行おうとする場合，海外の需要である輸出を予測期間にわたって外生的にモデルに与え続ける必要がある。

一方，供給型モデルでは，産業ごとの生産関数による定式化が行われ，総和としてGDPが決まることから，各産業の自律的な成長経路を各方程式が追っていくこととなり，長期的な海外からの需要といった外生条件の設定は不要である。

　従って，2〜3年といった短期の予測には需要型モデル，10年を超えるような中長期の予測には供給型モデルがそれぞれ適切なモデル型として選択される傾向がある。

　ただし，これらの「予測」という意味合いには微妙なニュアンスのちがいがあり，需要型モデルを用いた短期予測では，貿易や投資といった比較的短期に定まる変数の動向を把握することによって数年先の経済の姿を見ようとするのに対し，供給型モデルを用いる中長期予測では，技術革新といった，より根本的で大きな動きをモデル化し，さらに複数のシナリオを比較検討することによって（具体的な年の具体的な成長率という数字を追うというよりは）経済の辿っていく「経路」を対比させてみるといった用途に多く使われている[5]。

（コラム）マクロ計量モデルのはじまり

　1950年，米国ミシガン大学講師のローレンス・クライン（L.R. Klein）（のちペンシルバニア大学教授・1980年ノーベル記念経済学賞受賞）は1921〜41年の米国のマクロ経済データをもとに，その時期の米国経済を以下の連立方程式群で記述した（Klein 1950）。これはクラインの第1モデル（Klein's Model I）と呼ばれ，最初のマクロ計量モデルの試みとされている。このモデルは固定価格で表された閉鎖経済の実物部門ブロックのみで金融セクターのブロックは導入されておらず，インフレーションのメカニズムも実装されていない。

　　消費関数
　　　$C = a_1 + b_1 P + c_1 P_{-1} + d_1 W$
　　投資関数
　　　$I = a_2 + b_2 P + c_2 P_{-1} + d_2 K_{-1}$

民間賃金関数

$$W^* = a_3 + b_3 E + c_3 E_{-1} + d_3 A$$

定義式群

$$P = Y - W$$
$$Y = C + I + G - T$$
$$K = K_{-1} + I$$
$$W = W^* + W^{**}$$
$$E = Y + T - W^{**}$$

　ここで，各関数および定義式の左辺におかれた変数はモデル内で決定されるものであり，「内生変数」と呼ばれる。このモデルの内生変数は以下の8つということになる。

　C：民間消費，I：民間投資，W^*：民間賃金所得，P：利潤（非賃金所得），Y：国民所得，K：資本ストック，W：総賃金，E：年間生産所得

　一方，右辺にのみ現れる変数はモデルの外からその値を与えられるべき変数であり，「外生変数」と呼ばれる。このモデルでは以下の4つがそれである。

　W^{**}：公的部門賃金所得，T：間接税，G：政府支出，A：タイムトレンド

また，添え字 $_{-1}$ は前期の値を示す。

　クラインはこのモデルで「合衆国の経済変動を大恐慌期をはさみながら上首尾に説明し，人々を驚嘆させるに足る十分に高い精度さえ示し」（森棟 1985）たといい，マクロ計量モデルはその揺籃期において華やかな御披露目を果たしたのである。

第2節　マクロ計量モデル構築の手順

　マクロ計量モデルを構築するには，以下のような「原材料」が必要となる[6]。

　　（原材料）
　　・時系列データ（暦年データ，年度データ，半期・四半期データ等）

・経済理論

・統計理論

1. モデルは何に使うのか？

一口にマクロ計量モデルといっても，先にみたように「需要型」「供給型」あるいは「短期モデル」「長期モデル」といった区分がある。まずはどういう目的のためにそのモデルを使うのかをはっきりさせておく必要がある（「いかなる計量モデルを構築するかは，その分析目的によっておのずと異なってくる」（貞広 1992））。

たとえば経済予測を目的とするなら予測対象となる変数は当然内生化されていなければならないし，そうした関数に導入する説明要因にはシミュレーションで（外生的に）変化させたい変数を注意深く選択し，導入するのである（「内生」「外生」といった用語については第3節「内生変数と外生変数」参照）。

2. 定式化の方法

マクロ計量モデルは連立方程式で表現されるものであるから，上に述べたような直接的な外生変数がなくても，普通はまったく別の方面を変化させるための外生条件を変化させても対象変数に影響が及ぶ。しかし，注目したい変数が外生変数のみで説明される構造である場合はそうした働きはなくなるということに注意しよう。変数同士の有機的な結合というのがマクロ計量モデルの醍醐味でもあるのだから，経験的には

(1) 他の方程式群とかかわりをもつための内生変数

(2) 当該変数に直接に影響を与える操作をするための外生変数

の両方が各方程式に説明要因として入っている場合，全体としてのモデルが「使いやすい」ものとなることが多い。

第8節で説明する「変数フローチャート」を描きながら作業を進めてい

くとモデル構築上，変数の流れが把握しやすくなるので活用するとよい。

3．パラメータの経済学的解釈と統計学的有意性

　定式化が決まれば，時系列データから最小自乗法等の手法を用いてパラメータ群を推定することになる。このとき，パラメータの経済学的意味付けを事前に行っておく必要がある。
　たとえば，

　　⑴　所得が上がると消費は上がる
　　⑵　物価が上がると消費は下がる

という二つの（経済学的）命題がある。これを消費関数の説明要因として用いる所得変数や価格変数に当てはめて考えると，現実のデータから推定されたパラメータのうち，所得変数に関するものには正符号，価格変数に関するものには負符号が期待される，ということである。
　これを「パラメータの符号条件」といい，多くの場合実際にパラメータを求めるよりも前の段階で考慮しておくべき事項である。言い換えれば符号条件はパラメータが「経済学的に望ましい条件を満たすこと」を事前に設定するものである。実際に求められたパラメータがこの条件を満たしていない場合，

　　⑴　説明変数の追加や削除
　　⑵　対数や階差（前期，4期前など，一定期間前との差），変化率といった変数変換
　　⑶　変数のラグ構造の変更
　　⑷　推定期間の変更

といった定式化の変更を（場合によってはこれらの組合せで）行い，望ましい符号が得られる式を模索する。
　しかしどのようにしても望ましい符号が得られないということはしばしば経験することであるが，それはデータ加工や定式化の変更の問題ではな

く，設定する条件の方が十分な理論的基礎をもたない直観的な仮説であったり，直接的な正の効果のみを考慮に入れ，間接的な負の効果を無視した符号条件であったりする場合には，符号条件は必ずしも直観的な条件と等しくない場合がある（刈屋 1986）。また，同じく刈屋（1986）では，ミクロ主体の行動（たとえば分析者が「そう思う」こと）と，実際のマクロデータ（多くの行動の平均的なもの）とが合致しない場合にも言及している。

さて，定式化が決まり，実際にパラメータが求められたとする。今度はそのパラメータが「統計学的に望ましい条件を満たしているかどうか」を確認する必要がある。これは各パラメータの「統計的有意性」を調べることによってなされる。

統計理論に基づけば，回帰パラメータは確率変数であり，一つのデータセットから実現されたパラメータは，目にみることはできないがある分布をもつ変数の一つの実現値，という解釈となる。そこで，今得られた実現値が（実際にはみることのできない）分布の中ではどのあたりにあるのかが問題となる。これを測る指標がパラメータの標準誤差やt値である。あるパラメータのt値が小さい（絶対値で0に近い）場合，それはパラメータの標準誤差が大きい（みえない分布の標準偏差が大きい）というのと同義である。t値が小さいということは，今得られた実現値がみえない分布の中心（そこが0である）付近にあることを示すということだから，統計学的には「そのパラメータの『真の値』が0であるという仮説を否定できない」ということになる。

加えて，単体の式では誤差項の自己相関の有無をみるための Durbin-Watson 統計量，あるいは検定統計量ではないが全体の説明力をみるための（自由度修正済み）決定係数があり，複数の定式化同士を並列に比べる場合，いずれがより望ましい性質を備えるかをみる指標がある。さらに重回帰の場合には複数のパラメータをまとめて有意性の検定をする F 統計量といった指標もあり，これらいくつもの指標を総合的にみながら，各種方程式の候補を見つけていくのである[7]。

このように，経済学的にも，統計学的にも望ましい条件を満たした後，その式は単体としてはもちろん，モデルの「部品」として用いることがで

きるようになる。

　ただし，単体で望ましい条件を満たしたからといってそれらを組み合わせたモデルが望ましい挙動をするかどうかは保証のかぎりではない。したがって，モデル構築作業は式を組み込んではモデル全体を動かし，各種指標を検討しては式を入れ替える，あるいは取り外すといったことを何度も試行錯誤しながら進めるのが通常の手続きである。

第3節　内生変数と外生変数

　内生変数とは，モデル内で（連立方程式の解として）その値が決定される変数のことである。これに対して外生変数は外から与えられる情報としてモデル内に取り込まれる変数であり，モデル内では定数と変わりないものである。外生変数はまた「政策変数」として，シミュレーションを行う際のモデル外部からの情報の入り口ともなる。簡単な例でこれを説明する。

1．連立方程式で表現されるモデル

　モデルに組み込まれる一本一本の方程式はさまざまな経済変数間の関係をそれぞれ表している。たとえば，(1)消費は所得（GDP＝Y）と物価（P）および金融資産（FA）で，(2)投資は所得と物価で，(3)物価は所得で，それぞれ説明される構造をもつとする[8]。所得をY，消費をC，投資をI，物価をP，金融資産をFAで表すとすると，この3つの関係式はたとえば以下のように書かれる。

$$C = \alpha_c + \beta_c Y + \gamma_c P + \delta_c FA$$
$$I = \alpha_I + \beta_I Y + \gamma_I P$$
$$P = \alpha_P + \beta_P Y$$

　これらは経済の構造そのままを関数として表現したもので，「構造方程式」と呼ぶ。これに，政府支出をGとしてGDPの定義式（国際貿易をしていな

いと仮定）

$$Y = C + I + G$$

を加え，モデルを構築する。このモデルには，左辺の変数として（C, I, P, Y）があり，これらがモデル内で値が決定される「内生変数」である。一方右辺の変数としては（Y, P, FA, G）が存在するが，後者のうち「右辺にしか存在しない」変数，すなわち（FA, G）が外生変数である。外生変数は定数と変わりないと考えれば，ある特定時点について，FA および G には具体的な数値を代入しているのと同等である（α_c 以下の係数群もすでに推定されているとすればこれらも単なる数値である）。すると，この連立方程式には4つの変数（すなわち内生変数）（C, I, P, Y）と4本の式が存在することになるから，一定の手続きでその解を求められることになる。

　具体的に書いてみよう。このモデルは年データに基づくものとし，1990年〜2015年のデータを用い，回帰分析を適用して α_c 以下の係数を求めたところ，以下のようになっていたとする（4本目の定義式は係数がすべて1であると考えればよい）。

$$C = 1.2 + 0.7Y - 0.5P + 0.3FA$$
$$I = 2.5 + 0.5Y - 0.7P$$
$$P = 0.5 + 0.7Y$$
$$Y = C + I + G$$

　つぎに，初年である1990年について，外生変数である FA および G の「観測値」を代入する（上で「定数と同等」と述べたとおり）。これもたとえば以下のように，（FA, G）=（1000, 3000）という数値であったとする。

$$C = 1.2 + 0.7Y - 0.5P + 0.3 \times (1000) \quad \leftarrow (FA)$$
$$I = 2.5 + 0.5Y - 0.7P$$
$$P = 0.5 + 0.7Y$$
$$Y = C + I + 1 \times (3000) \quad \leftarrow (G)$$

整理すると，この連立方程式体系は以下のようになる。

$$
\left\{
\begin{array}{l}
C = 301.2 + 0.7Y - 0.5P \\
I = 2.5 + 0.5Y - 0.7P \\
P = 0.5 + 0.7Y \\
Y = 3000 + C + I
\end{array}
\right.
$$

　この 4 本の式には 4 つの未知変数があるので，代数的に解くことができる（実際には 4 本すべてが独立であるという条件が必要であり，この連立方程式体系はそれを満たしている）。そのように得られたものが内生変数群（C，I，P，Y）の1990年の「シミュレーション値」ということになる。1991年以降も同様の手続きで求められる。

　なお，実際のモデルはより多くの方程式群を含み，構造も複雑となるため，このような代数的な解き方をすることはほとんど皆無といってよく，数値シミュレーションによって内生変数の値を決定するのが通常のやり方である。

　数値計算による「解法」も複数開発されており，それぞれ一長一短があるが，その解説は本書の目的とは直接合致しないため，興味のある向きは詳細について安田（1999），尾崎（1985）などを参照されたい。

2．ラグ付き内生変数

　消費関数など一部の構造方程式では，説明要因として「ラグ付き被説明変数」を導入することがよく行われる。とくに消費関数の場合，それは後述する「慣性効果」を表すものとみなされることが多い。定式化は以下のようになる。

$$
C_t = \alpha + \beta Z_t + \gamma C_{t-1}
$$

C：消費，Z：それ以外のすべての説明要因，添え字のt, t－1はそれぞれ今期，前期の値を示す。この方程式では，C は消費を表す内生変数であるが，C_{t-1}は前期の値を表し，今期においてはすでにその値が決定されているものである。このような変数を「先決内生変数」といい，モデル全体では内生

変数であるが，一つの期においてはすでにその数値は変化しないため外生変数的に取り扱われる。

第4節　構造方程式と定義式

1．構造（行動）方程式

　マクロ計量モデルでは，個々の方程式は経済主体の行動を表現していると考える。たとえば，次の消費関数は，今期の消費水準が，同じ期の所得，物価，賃金と，前期の消費および賃金によって規定されるという構造を示している。

$$消費_t = f \, [所得_t, \, 物価_t, \, 賃金_t, \, 消費_{t-1}, \, 賃金_{t-1}]$$

　このように，興味の対象となる変数を，経済理論に基づいて定式化したものを，構造（型）方程式と呼ぶ。経済主体の行動を表す式という意味で「行動方程式」と呼ばれる場合もある。

　実際の分析においては，これらの変数を水準（実際の数値）でみるのか，変化率でみるのか，といった変数変換や説明変数と被説明変数の時間差（ラグ構造）も考慮する場合があるが，ここでは，経済理論に基づいた消費の「構造」をそのまま定式化したもの，という理解でよい。同様に，投資や輸出入，物価や賃金といった変数が，それぞれがどのような構造で決定されるかも構造方程式として推定され，マクロ計量モデルの部品となっていく。

2．定義式

　一方，第1節（マクロ計量モデルの種類）で一部解説したとおり，国内総生産（GDP）は，GDPの三面等価の原則から，

　　(1)　各部門の付加価値額の合計

⑵　消費，投資など，支出部門の合計

⑶　労働者や資本など生産要素に分配されるものの合計

という3つの立場からみることができる。マクロ計量モデルの構築においては，これらのどの立場を切り口とするかという選択を迫られる。生産面を主としてみるような分析においては⑴を，支出面を把握する分析ならば⑵の立場を選択する（分配面を中心とする立場はほとんどとられない）。

　実際，支出面から経済を把握する⑵の立場でモデル構築をする場合，全体の中心には

　　　GDP＝民間消費＋民間投資＋政府部門＋海外部門

という式が鎮座している。これは構造方程式として推定すべき式ではなく，国民所得統計の支出部門のデータ定義がこのようになっていることからくる「定義式」である⑼。

　同様に，生産面からみる⑴の立場からの構築現場では，

　　　GDP＝農林水産業部門（の付加価値額）＋製造業部門（同）
　　　　　　　＋サービス部門（同）

という式を中心に周囲の方程式群を推定していくこととなる。このような定義式は「モデルの中核をなす定義式」であり，モデル全体の性格を決定付けることとなる最も重要な定義式である。

　そのほか，家計 and/or 民間非営利法人の消費は構造方程式によって決定されているとした上で民間消費全体をその合計として定義するための定義式

　　　民間消費＝家計＋民間非営利法人

や，モデル内では円や人民元といった固有通貨で決定される財輸入を米ドル建てにするための

　　　ドル建て財輸入＝地域通貨建て財輸入÷為替レート

といった定義式というような，

    (1) いくつかの細目分類を集約

    (2) 単位変換や表記の変更

のための定義式といった使われ方がある。とくに後者の場合，その値がモデル内で他の方程式の説明変数になることなく，単に参照用として用いられることがある（分析者がモデルの「外」から参照するという意味）。この意味では，前者は「本質的な定義式」といえ，左辺変数は本来的な内生変数といってよいが，後者の場合は「附加的な定義式」であり，左辺変数は（形式上は）内生変数ではあるが，その式自体がなくても（その「内生変数」の値が決定されなくとも）モデルの他の部分にはなんら影響を及ぼさない[10]。

以下の例は，アジア経済研究所で行われていた「東アジア経済予測」で実際に用いられていたマレーシアモデルである（構造方程式の中身の詳細は省いており，メインブロックの中でもこの例示に本質的でない定義式群は除いてある）。

【マレーシアモデルの例・1998年版】

- ◆ $GDP = CP + IP + CG + IG + J + (X - M)$
- ◇ $CP = f\ [...]$
- ◇ $IP = f\ [...]$
- ◇ $M = f\ [...]$
- ◇ $PGDP = f\ [...]$
- ◇ $CPI = f\ [...]$
- ◇ $PM = f\ [...]$
- ◇ $PIP = f\ [...]$
- ◇ $POGDP = f\ [...]$

- ◆ $DMP = GDP/POGDP$
- ◆ $PK = (1 - PDEP) * PK(-1) + IP$
- ◆ $GK = (1 - GDEP) * GK(-1) + IG$

▽　◆　　GNP＝GDP＋NFP

▽　◇　　PGNP＝f $[...]$

▽　◆　　GDPV＝GDP＊PGDP

▽　◆　　GNPV＝GNP＊PGNP

▽　◆　　NFPV＝GNPV－GDPV

▽　◆　　XV＝X＊PX

▽　◆　　MV＝M＊PM

▽　◇　　XCB＝f $[...]$

▽　◇　　MCB＝f $[...]$

▽　◆　　XCBD＝XCB/EXR

▽　◆　　MCBD＝MCB/EXR

▽　◆　　NCBD＝XCBD－MCBD

▽　◆　　NCB＝XCB－MCB

▽　◆　　NTRDB＝NCB＋NSB

▽　◆　　CAB＝（NTRDB＋TRSFTB＋NFPV）－CADIS

▽　◆　　CABD＝CAB/EXR

▽　◆　　NCDIGD＝NCB/GDPV

▽　◆　　NTDIGD＝NTRDB/GDPV

▽　◆　　CADIGD＝CAB/GDPV

（変数名一覧）

【マクロ指標】

GDP：国内総生産（実質），CP：民間消費，IP：民間投資，CG：政府消費，IG：政府投資，J：在庫増減，X：輸出，M：輸入，POGDP：潜在 GDP，DMP：需要圧力，PK：民間資本ストック，PDEP：民間資本ストックの減耗率，GK：政府資本ストック，GDEP：政府資本ストックの減耗率，GNP：国民総生産，NFP：要素所得，GDPV：国内総生産（名目）GNPV：国民総生産（名目），NFPV：要素所得（名目），XV：輸出（名目），MV：輸入（名目）

【価格指数】

PGDP：GDP デフレータ，PM：輸入デフレータ，PIP：民間投資デフレータ，PGNP：GDP デフレータ，PX：輸出デフレータ，PM：輸入デフレータ，CPI：消費者物価，EXR：為替レート

【国際収支表】

XCB：国際収支表の財輸出（名目，以下同じ），MCB：財輸入，XCBD：財輸出（米ドル），MCBD：財輸入（米ドル），NCBD：財貿易収支（米ドル），NCB：財貿易収支，NTRDB：貿易収支，NSB：サービス貿易収支，CAB：経常収支，TRSFTB：移転収支，CADIS：経常収支の誤差，CABD：経常収支（米ドル），NCDIGD：財貿易収支の国内総生産に占める割合，NTDIGD：貿易収支の国内総生産に占める割合，CADIGD：経常収支の国内総生産に占める割合

　記号◆が定義式，◇が構造方程式を表している。中心となるマクロ（実物）経済ブロックは，本質的な部分では構造方程式8本，定義式4本からなる小型のモデルである。

　このモデルには1990年代末のアジア通貨危機の影響をみるため，マクロ（実物）経済ブロックの外にこの時期だけ附加的に接続していた国際収支をみるためのブロックがある（▽のついた部分）。この19本の構造方程式および定義式からなるブロックは，上の意味では（構造方程式も含め）附加的な式である。その含意は，モデルの他の部分から参照されて他の方程式の説明変数となっているものがなく，このブロック内のみでの参照関係しかないため，ブロック自体を取り外してしまっても本体のマクロ経済ブロックにはなんら影響を与えない，ということである。実際，アジア通貨危機の影響が薄れてきた後はこのブロック（▽）は丸ごとモデルから削除されている。

　このようにマクロ計量モデルでは，核となるブロックを中心に，その時々での興味や必要性を反映したブロックを附加的に導入したりとり外したりすることによってさまざまな分析に用いることができる。上の例ではアジア通貨危機という一時的ショックへの反応をみるためのブロックであるた

め，その部分を半永久的に接続しておくことを考慮せず，当該ブロック内の変数をメインの部分から参照することはしていない。しかし，たとえば一時的な政策変更を反映したブロックを付加的に構築・接続していたところ，その政策がさらに進展または定着し，経済への影響が相互的・恒久的なものに変化していくような場合には変数間の相互依存関係が深まり，最終的にはメインブロックの一部となることも考えられよう。要するに，マクロ計量モデルには最終形といったものはなく，常に変化し続けるものであるといってよい。

第5節　静的モデルと動的モデル

各方程式の定式化を決めていく上で，説明変数として（純粋な）外生変数および同期の内生変数のみが選ばれている場合と，説明変数の中に先決内生変数をもつ場合とを考えよう。前者の場合，ある期の内生変数は前期以前の内生的情報を含んでいないことになる。消費関数が以下のように，今期の所得 Y と今期の価格 P （いずれも内生変数とする），および外生変数群 Z で説明されているとする（このとき，外生変数群の中に前期以前の変数が含まれているかどうかは関係ない）。消費者は今期の所得および価格をみて消費を決める。

$$C_t \ = \ f\,[\,Y_t, P_t, Z_t\,]$$

この方程式以外も同様に，外生変数と今期の内生変数によって定式化されているとする。こうした場合，モデルは全体として当期のみの内生変数を次々に生み出していくが，その情報が次期以降に用いられることがない。

一方，消費関数が次のように定式化されているとする。

$$C_t \ = \ f\,[\,Y_t, Y_{t-1}, P_t, P_{t-1}, Z_t\,]$$

消費者は今期だけでなく，前期の所得や価格の情報も今期の消費を決めるのに織り込んでいることになる。このような過去の情報を「ラグ項」と

いい，とくに前期の値（1期ラグ項という）はいろいろな意味でよく用いられる。この式で決まる消費は内生変数なので，それは（他の方程式の定式化にもよるが，通常の場合）今期の所得や価格にも影響を与える。そうして決まる所得や価格は，来期の消費に影響を及ぼし… と，時をまたいで変数の動きが波及していく。すなわち，モデルは「動学的」になる。

1．消費の慣性効果

上の例では消費関数の説明要因として所得や価格の過去の値を選んだが，実際により頻繁に目にする定式化は以下のようなものである。

$$C_t = f[Y_t, P_t, C_{t-1}, Z_t]$$

これは，消費の「慣性効果」を関数に明示的に取り込んだもので，「消費は過去の最高水準に影響を受ける」という効果を表現したものである。所得の上昇にともなって消費水準を上げてきた消費者は，（そういう消費水準に慣れていくことから）所得が一時的に減少したとしても以前の消費水準には戻らず，過去（最高，つまり前期）の消費水準を維持しようとする。これは「消費の慣性効果」と呼ばれる。この場合ラグ項には正の符号が期待され，また，モデルが安定するためにはその係数（の絶対値）は1を下回る必要がある[11]。なお，ここでは外生変数（Z）に当期の記号がついているが外生変数については時間差の有無は本質的な意味をもたない。

反対に，今期の数値が前期の動きを打ち消す（調整する）方向に動く傾向がある変数であれば，1期ラグ項には負の符号が期待される。この場合も係数の絶対値は1を下回る必要がある。

2．別の意味での導入法

一方，これらとはまったく異なる考え方でラグ項を導入することがある。現実の経済のモデル化においては，左辺の変量に影響を与えるすべての要因を説明変数として導入することは不可能であることから，

　　被説明変数＝f［説明変数群］

という定式化は常に不完全なものであると考えられる。そして，回帰分析という手法の枠組み上，右辺の説明変数群は量的変数（ダミー変数という一見質的変数にみえる例外もあるが，それも量的な調整を行う変数である）に限られている。図示すると以下のような関係である。

図2-1-1　説明変数群

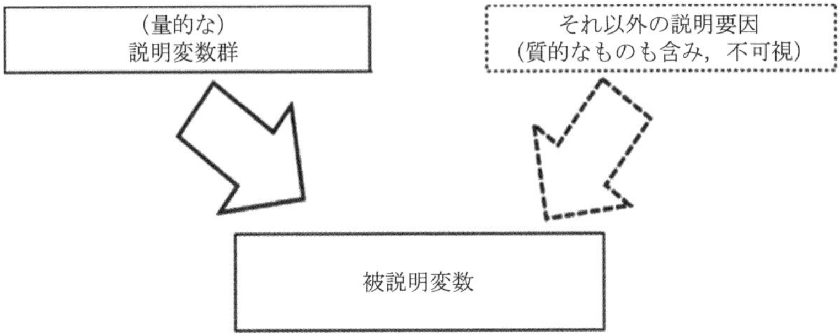

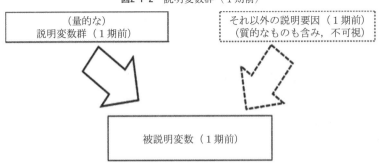

（出所）　筆者作成。

ところで，この左辺と右辺の説明関係は構造的なもので，ある程度安定しており（だから「構造方程式」という），この関係は１期前には以下のようであったと当然に想定されている。

図2-1-2　説明変数群（１期前）

（量的な）説明変数群（１期前）

それ以外の説明要因（１期前）（質的なものも含み，不可視）

被説明変数（１期前）

（出所）　筆者作成。

41

すると，1期前の被説明変数には，明示的に導入されている量的な説明変数群以外のすべての情報が（前期と今期の差はあるものの）含まれていることになる。これを根拠として，「重要な説明要因が抜け落ちている」という（第7節「最小二乗法適用のための条件」に解説）状況に対処する，という考え方である。

$$被説明変数_t = f [被説明変数_{t-1}，その他説明変数群]$$

ただし，この操作により，誤差項の系列相関の有無を検定する Durbin-Watson 統計量が信頼できないものとなるため，系列相関の有無については h 統計量というまた別の指標を用いた検定を行うことになる。

（コラム）民間消費の慣性効果――フィリピンの例――

1980年代前半のフィリピンでは，フェルディナンド・マルコス大統領（当時）が国政を私物化し，腐敗政治を行っていた。これと対立するベニグノ（ニノイ）・アキノ・ジュニア上院議員が1983年に暗殺されると反マルコス運動が一気に広まり，政治および経済は混乱を極めた。同政権末期の国内経済は実質GDPでみて2年連続の大幅マイナス成長（1984, 85年の平均で－9.4％）を記録したが，この所得減の中，民間消費はほぼ横ばいあるいは若干の上昇が観測されている（同＋0.3％）。1986年にはニノイの妻であるコラソン・アキノが大統領となり，民主化の進展とともに経済がプラス成長に転じると，民間消費はさらに追随する動きをみせている。ここまで明瞭に消費の慣性効果を観測できる例は実はむしろ珍しい。

なお，民主化以降は国政の不透明感が薄れ，経済の効率性が上昇したことなどもあって経済成長率（GDPのグラフの傾き）が民主化以前よりも大きくなっていることも興味深い点であろう（こうした与件変化を好もしく思う海外からの直接投資がこの時期に増大し，経済成長に貢献している面もあると考えられる）。

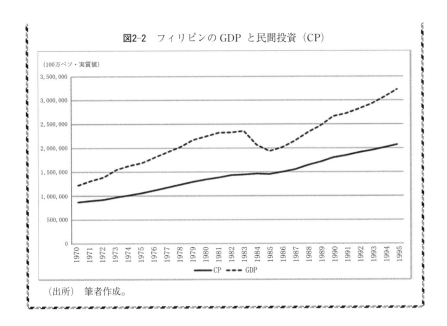

図2-2　フィリピンの GDP と民間投資（CP）

（100万ペソ・実質値）

（出所）　筆者作成。

第 6 節　構造型と誘導型

　これまでみてきた構造方程式はほとんどの場合，「分析者の視点から，経済現象を構造的にとらえるために（経済理論に基づいて）定式化したもの」とみることができ，その結果組み上がった連立方程式体系を解くための数学的条件などはあまり考えずに個々の方程式が推定されている。

　つぎに，このように作成された連立方程式を実際に解こうとする際に起こるいくつかの問題をみていくことにする。ここでは次の式 2 本からなる簡単なモデル を考える。

$$（消費関数）\quad C = a + bY \tag{1}$$
$$（定義式）\quad Y = C + I \tag{2}$$

　このモデルの内生変数は C と Y，外生変数は I である。第 1 式は構造方程式，第 2 式は定義式である。構造方程式で表記されたもの（つまり通常のみ

た目をしているモデル）をモデルの「構造型表記」という。

　あらためて第1式をみると，内生変数であるCを同じく内生変数である
Yが説明する形をしている。第2式も定義式ではあるが，その右辺は内生変
数であるCと外生変数であるIの和となっており，いずれの式も右辺に内
生変数が現れている。

　この連立方程式は，未知（内生）変数がCとYの2つ，（独立な）式が2
本あるので，代数的手続きで解くことができる。外生変数というのは単な
る数字と同じとみなしてよいから，この連立方程式の解を外生変数と構造
パラメータ群のみで表すことができる，ということである。実際この連立
方程式を解くと，

$$C = \frac{a + bI}{1 - b}$$

$$Y = \frac{a + I}{1 - b}$$

となり，右辺を外生変数だけで表すことができる。この標記の仕方を「誘
導型表記」という。誘導型で表記されたモデルでは，左辺には内生変数，
右辺には外生変数（および先決内生変数）のみが集まっている。

　より正確には，右辺を純粋な外生変数と先決内生変数とだけで表したも
のを誘導型と呼ぶ。

第7節　最小二乗法適用のための条件

1．最小二乗法適用のための条件

　最初に，通常の最小二乗法（Ordinary Least Squares: OLS）の前提となるガ
ウス-マルコフ（Gauss-Markov）の定理を説明する。推定するモデルを

$$y_t = \beta x_t + u_t$$

と表す。ここで u_t は誤差項，係数ベクトル β と説明変数行列 x のサイズは任意（単純回帰でも重回帰でもよい）とする。

　誤差項に関する前提は，最小二乗推定量の（統計的）性質に大きな影響を与えるので重要である。最小二乗法では，誤差項 u_t の確率分布について，以下の前提をおく。

(1) 誤差項の期待値は常にゼロ
$$E(u_t) = 0$$
(2) 誤差項の分散は一定（観測時点 t に無関係）
$$Var(u_t) = \sigma^2$$
(3) 異なる時点の誤差項は無相関（系列相関なし）
$$E(u_t\ u_{t-s}) = 0 \quad , \quad s \neq 0$$
(4) 説明変数と誤差項は互いに無相関
$$E(u_t\ [x_t - E(x_t)]) = 0$$
(5) 誤差項 u_t は正規分布に従う（この仮定は時によりはずされる）
$$u_t \sim N(\mu, \sigma^2)$$

これらの仮定がすべて満たされている場合を「標準的な正規回帰モデル」といい，仮定(5)がはずれている場合を「標準的な回帰モデル」という。

2．ガウス–マルコフの定理

　上で述べた仮定のうち，(1)から(4)が満たされた場合，線型回帰の最小二乗推定量は「最小分散線型不偏推定量」（Best Linear Unbiased Estimator: BLUE）と呼ばれる。これは最小二乗推定量が，

・不偏（Unbiased）：期待値が母数に一致し，
・線型（Linear）：説明変数と被説明変数から線型の手続きで求められ，
・最小分散（Best）：その中で最小の分散をもつ

ような推定量（Estimator）であるということを保証する定理である。

3. 誤差項の自己相関

　これらの仮定のうち，45頁の(3)の仮定（系列無相関）が満たされないことがしばしば起こる。系列相関が起こるケースとしては，

(1) 被説明変数を説明する上で重要な変数が欠如しており，その影響が誤差に集約されてしまっている場合
(2) 外生的ショック（石油ショック・通貨危機など）の影響が1期で吸収しきれずに持続する場合
(3) データ加工により誤差項に系列相関が生じる場合
(4) 定式化の失敗

などが挙げられる。(3)については，「季節調整が必要のないデータに季節調整の手続きを適用した」などという場合に起こることがある。
　そして，系列相関が強い場合には，通常の最小二乗法（OLS）によるパラメータ推定においては以下のような問題が生じる。

(1) パラメータの推定量がBLUEにならず，パラメータの分散が過小推定される傾向がある。従ってt値が過大評価されやすい
(2) 決定係数が過大評価されやすい

　1階の系列相関の有無はダービン・ワトソン（Durbin-Watson: DW）統計量で検定できる[12]。系列相関があると結論付けられた場合には，上記の「重要な変数の欠落」「データ加工」などの手当てをし，それで改善しない場合は以下の手法を用いて推定を行うなどのさらなる工夫が必要となる。

(1) コクラン・オーカット法（Cochrane-Orcutt: CO）
(2) プレイス・ウィンスティン法（Prais-Winsten: PW）
(3) 最尤法（Most-Likelihood: ML）

このうち，COやPWは一般化最小二乗法（Generalized Least Squares: GLS）の一種である。これらの手法については廣松・藤原（1990），刈屋（1984）等

を参照されたい。

4．同時方程式バイアス問題

　一方，マクロ計量モデルでは，変数間の相互依存関係を明示的に導入することから，システム全体として当然複数本の式が推定されることになり，このとき一つの関数の説明変数の中にシステム内の他の内生変数が含まれていることも多い。このような場合，45頁の(4)の条件が満たされなくなり，OLS推定量はBLUEでなくなる。これを同時方程式バイアスと呼ぶ。

　説明変数と誤差項が無相関でなくなってしまうことを，単純な例で示してみる。所得（Y＝GDP）および民間消費（C）とそれ以外のGDP構成要素（W）のみで示されるモデルを考える。

　　　民間消費関数
　　　　$C_t = \alpha + \beta Y_t + u_t$
　　　GDP　定義式
　　　　$Y_t = C_t + W_t$

　ここで，誤差項 u_t は(1)～(3)の条件は満たしているとする。Yは民間消費関数では説明変数であるが，GDP定義式では左辺にあるため，上に示した「システム内の他の内生変数」である。民間消費関数自体では C_t と u_t は独立とみなせるとしても，これをGDP定義式に代入すれば，

$$Y_t = (\alpha + \beta Y_t + u_t) + W_t$$

となり，u_t は Y_t と無相関でないことになる。民間消費関数の中では Y_t は説明変数として扱われているので，結局，(4)の条件が満たされないことになる。このとき，ガウス—マルコフ定理により，通常の最小二乗法による民間消費関数のパラメータ推定量はBLUEにならず，不偏性が保証されなくなってしまう（最良性：最小分散の方は確保される）。また，(4)の条件への抵触はまた，パラメータの一致性が保証されなくなるという問題もある[13]。

　これにはいくつかの解決法があるが，同時方程式バイアスの問題は「誤差

項の内生性（誤差項と内生変数が無相関でない）」に起因するということだから，問題点をそこに絞って考えれば，そのような内生性を消してしまう方策があればよいことになる。

5．操作変数法・二段階最小二乗法

その一つの手法が操作変数法（Instrumental Variable: IV）で，誤差項の内生性に対処する方策として，説明変数の方をある意味外生化する方法である。推定する方程式の説明変数のうち，（誤差項と無相関でない）内生変数を，誤差項と無相関な外生変数で回帰し，その理論値を代わりに用いる。

二段階最小二乗法（Two-Stage Least Squares: 2 SLS）は操作変数法の特殊ケースですべての内生変数を，それよりも多い数の操作変数への回帰を行う。具体的には操作変数として外生変数を使い，手順は操作変数法と同じ（山澤（2004），浅野・中村（2000）など）と考えられる。どちらの場合にも，内生変数を外生変数の線型結合におきかえることで，内生変数（の観測値）と誤差項の相関という問題を回避するものである。

上で述べた各手法では一本一本の方程式のパラメータを推定する「単一推定」という一派に属するものであるが，一方で連立方程式システムに含まれるすべての構造方程式のパラメータを同時推定する「システム推定」という一群の推定方法があり，そこには「三段階最小二乗法」（3 SLS）や「完全情報最尤法」（Full Information Maximum Likelihood: FIML），「一般化モーメント法」（Generalized Method of Moments: GMM）といった推定方法がある。興味のある方は森棟（1985），伴（1991）などを参照されたい。

（コラム）識別問題

構造型から式変形によって誘導型を導くことができることは本編で述べているが，それは有限回の機械的な数式操作によって必ず導かれる。
誘導型は左辺の内生変数を右辺の外生変数のみで表したものであるから，どんなに式が多くてもそれは「連立方程式」というよりは（ある式で定ま

る内生変数が他の式に影響を与えない）「単独式の集合体」といえる。このことから，誘導型の方程式群に対して OLS を適用しても，前述の「同時方程式バイアス」を考慮する必要がない。

　さて，そうして求められた誘導型パラメータから式変形によってもとの構造型方程式群のそれを逆算することができるかどうかを考える。これが「識別問題」である。

＊＊＊＊＊

　ところで，数学の教科書の「連立一次方程式」では，独立な式の数と未知変数の数が一致していない場合，解が一意に決まらないことは知っているだろう。式の数が足りなければ解は一つよりたくさん（$x+y=1$ を満たせば何でもよい，など）出てくるし，式のほうが多ければ矛盾した複数の式が出てきて解が一つも得られない（$x+y=1$ と $2x+y=1$ が両方出てきてしまう）といったことが起こる。

　同様に，いったん誘導型を作ったところから構造型を一意に決めることができるかどうかを検討するとき，実は上と同じような理由により，うまい具合に戻せる（一意に解が決まる）場合もあれば，そうでないケースもある(14)。解が一意に決まるものに対応する場合を「ちょうど識別」，式の数が足りなくなる場合を「過少識別」あるいは「識別不能」，式の数が多くなる場合を「過剰識別」と呼ぶ。

　「ちょうど識別のモデルを作成する最も簡便な方法は，その方程式にのみ現れる先決変数をただ 1 個だけ加えることである。モデル体系のすべての方程式がこの条件を満たすとき，モデル全体も識別される」（松浦・McKenzie 1999；2001）ことを覚えておくと役立つかもしれない。

　紙幅が限られるため，より詳しくは巻末の「補遺　第 2 章　識別問題の例」および適切な参考書類を参照願いたい。

第 8 節　変数フローチャートの活用

　マクロ計量モデル内での変数間の関係を，フローチャートを作成することにより把握しておくことはモデル全体の見通しをよくするのに役立つ。

例として，次のモデルをみてみよう。この国は海外との貿易を行っておらず，国民経済計算関連の変数は GDP（Y），民間消費（C），民間投資（I），および政府支出（G）のみであるとする。このうち，政府支出は外生変数であり，モデル内で決定されない。また，民間消費および民間投資はいずれも GDP のみにより説明される（経済学的観点から，いずれの係数にも正の符号が期待されている）ものとする。モデルは次のように記述される。

　　　・民間消費関数
　　　　　$C = \alpha_C + \beta_C Y$
　　　・民間投資関数
　　　　　$I = \alpha_I + \beta_I Y$
　　　・GDP 定義式
　　　　　$Y = C + I + \overline{G}$

フローチャートを描くと次のようになる。

図2-2-1　フローチャート1

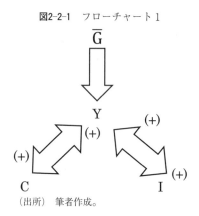

（出所）　筆者作成。

　　内生変数：Y, C, I
　　外生変数：$\overline{G}$

　ところで，このモデルは安定的でない（変数が正の無限大に発散してしまうおそれがある）[15]。これは民間消費・民間投資がいずれも GDP の増加関数になっている（つまり係数 β_C，β_I がともに正の符号が想定されており，さらにその道筋しか導入されていない）ことによる。

　そこで，たとえば民間消費関数を以下のように改良し，物価変数を導入する。この変数に関する符号（γ）には負符号が期待される。

　　民間消費関数（改良）
　　$C = \alpha_C + \beta_C Y + \gamma_C P$　　（物価変数）

そして，この物価変数（P）には GDP の増大に伴い上昇する（景気がよくなると物価上昇が起こる）という仮定をおく（実際にはこんな単純な方程式が成立つわけではない。道筋をたどると GDP 増大が価格上昇に間接的につながっているということである。あくまでも説明のためと理解してほしい）。

　　物価関数
　　$P = \alpha_P + \beta_P Y$

するとモデル全体は，構造方程式が 1 本増えて以下のようになる。

　　　・民間消費関数
　　　　$C = \alpha_C + \beta_C Y + \gamma_C P$
　　　・民間投資関数
　　　　$I = \alpha_I + \beta_I Y$
　　　・物価関数
　　　　$P = \alpha_P + \beta_P Y$
　　　・GDP 定義式
　　　　$Y = C + I + \overline{G}$

その結果，フローチャートは以下のように変わる。

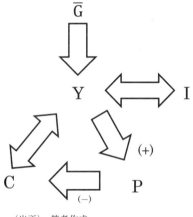

図2-2-2 フローチャート 2

（出所）　筆者作成。

　　内生変数：Y, C, I, P
　　外生変数：$\overline{G}$

　この変更により，GDP の増大は民間消費，民間投資，価格変数を直接的に増大させる効果をもち，上昇した価格を通じてそれは民間消費を減少させる方向にも働き（ここでの γ_c は負の符号が要請されている），ひいては GDP 自身を減少させることになる[16]。

　以下のフローチャートは，いささか不完全ながら，カンボジアの需要型モデルを構築する試みにおいて作成したものである。需要（GDP）の増大が需要圧力（DP）の増大を通じて一般物価（PGDP）の上昇を招き，結果として需要自体への負の圧力をもたらす経路が存在するように作られている。

　図中，実線矢印は当期同士の関係，点線矢印はラグをおいた関係を示し，丸い点線の矢印は当該変数自体のラグ構造を含むことを示す。

図2-3　フローチャート例（カンボジアモデル・植村 2009 より）

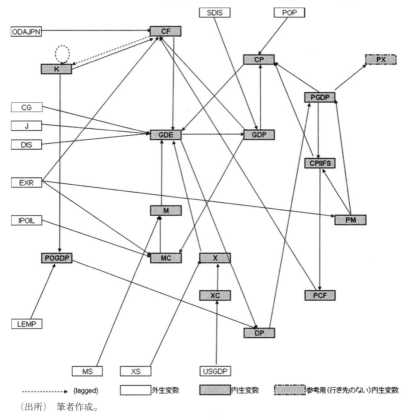

（出所）　筆者作成。

表2-1 変数名リスト

内生変数		外生変数	
CP	実質民間消費	CG	実質政府消費
CF	実質投資	J	実質在庫増減
GDE	実質需要側 GDP	DIS	実質統計誤差
GDP	実質供給側 GDP	XS	実質サービス輸出
X	実質輸出	MS	実質サービス輸入
XC	実質財輸出	SDIS	実質統計的不突合
M	実質輸入	EXR	為替レート：期間平均
MC	実質財輸入	IPOIL	国際価格：原油（平均）
K	総資本ストック	LEMP	労働：就業者
POGDP	潜在総生産	USGDP	米国 GDP 数量指数
DP	需要圧力	ODAJPN	日本からの ODA
PGDP	GDP デフレータ	POP	人口
PCF	総投資デフレータ		
PM	輸入デフレータ		
PX	輸出デフレータ		
CPIIFS	消費者物価		

（出所）　筆者作成。

第9節　活用の方法と実際

1．モデルの現実への適合性

　必要な方程式群が（経済学的・統計学的な条件を満たして）推定され，定義
式群と合わせてモデルがひとまずの「完成」状態になっても，それだけで
は全体的なパフォーマンスが保証されたことにはならない。一本一本の方
程式が妥当に推定されており，現実の動きをうまくとらえているようにみ
えるとしても，それを組み合わせたモデルの挙動が安定しているとは限ら
ないからである。

　このため，各内生変数のモデル解と観測値を一定の期間にわたり比較す
る「内挿（期間内）シミュレーション（in-sample simulation）」を行い，さら
に手直しをしていくことになるが，単体での方程式をみるのとは異なり，

悪い挙動をしている方程式のみを手当てすることで解決するとは限らない。ここは試行錯誤を繰り返す必要があり，通常，モデル構築手順においてもっとも手間と時間がかかる作業といって差し支えない。

2．モデルパフォーマンスの三種類のテスト

　内挿テストはデータ期間内でモデル解が実績値をどの程度「再現」できるのかをみるものである。テストの厳しさの順に，

　　(1)　パーシャル・テスト（構造方程式単体についてみる）
　　(2)　トータル・テスト（ラグ付き内生変数に実績値を与える）
　　(3)　ファイナル・テスト（ラグ付き内生変数にモデル解を与える）

の三種類があり，後者ほど条件の厳しいテストとなる。このうち，パーシャル・テストは個々の構造方程式を試験するものでありモデル全体のテストではない。また，後者二つのちがいは，トータル・テストでは次期にもち越されない内生変数の誤差がファイナル・テストではもち越されるという点である。

　なお，個々の方程式のパフォーマンスは定式化→推定時にすでに行われているので，モデル全体の現実再現性をみるのに，通常はより厳しいファイナル・テストを行い，一般的にはその結果がモデル・パフォーマンスを指すものととらえられている。

3．適合性を測る指標

　モデルパフォーマンスは，モデル解と実績値の乖離をみて判断することになるが，これにはいくつかの指標がある。

　　(1)　平均平方誤差（Root Mean Squared Error: RMSE）
　　(2)　平均平方誤差率（Root Mean Squared Percentage Error: RMSPE）
　　(3)　タイルのU（不一致係数・Theil U: TU）

⑷　フォン・ノイマン比（von Neumann Ratio: VN）

　平均平方誤差は平均二乗誤差ともいい，誤差の二乗の平均である。平方根に開いてあるのは分散と標準偏差の関係と同じく，元の変数の単位に合わせるためである（そもそも平方根は単調関数であるから，大小をみるためであれば中身だけをみても結果は変わらない）。

　それぞれ以下のように定義されるが，これらはいずれも検定統計量ではないので，特定の critical value よりも大き（小さ）ければよい，といったものではない。あくまでも複数のモデル（方程式を入れ替えたり定式化を変更したりしたもの同士）を比較するための指標である。いずれの指標も，小さいほうが現実への追随性が高いとみなされる。

$$\text{RMSE} = \sqrt{\frac{1}{n} \sum_{t=1}^{n} (\hat{X}_t - X_t)^2}$$

$$\text{RMSPE} = \sqrt{\frac{1}{n} \sum_{t=1}^{n} \left(\frac{\hat{X}_t - X_t}{X_t}\right)^2}$$

$$\text{TU} = \sqrt{\frac{\frac{1}{n}\sum_{t=1}^{n}\left(\hat{X}_t - X_t\right)^2}{\frac{1}{n}\sum_{t=1}^{n} X_t^2}} = \sqrt{\frac{\sum_{t=1}^{n}\left(\hat{X}_t - X_t\right)^2}{\sum_{t=1}^{n} X_t^2}}$$

$$\text{VN} = \frac{\frac{1}{n-1}\sum_{t=1}^{n-1}\left[\hat{X}_t - \hat{X}_{t-1}\right]^2}{\frac{1}{n}\sum_{t=1}^{n}\left[\hat{X}_t - \sum_{t=1}^{n}\frac{1}{n}\hat{X}_t\right]^2} = \frac{n}{n-1} \cdot \frac{\sum_{t=1}^{n-1}\left[\hat{X}_t - \hat{X}_{t-1}\right]^2}{\sum_{t=1}^{n}\left[\hat{X}_t - \overline{\hat{X}}\,\right]^2}$$

（X_t：観測値，$\hat{X}_t$：シミュレーション値，n：サンプルサイズ）

なお，タイルの U は定義から RMSE に定数をかけたものにすぎないから事実上は同一のものとみてよい。

　以下に実際のモデルに基づく数値例を示す。モデル1はモデル2から方程式を一本だけとり外したものである。とり外された式はとくにパフォーマンスが悪かったこともあり，いずれの指標でみても前者の数値が小さい（前者の方が実績値をよく追いかけている）といえる。

	RMSE	RMSPE	Theil U	VN Ratio
モデル1	16317.5	0.0204	0.0192	0.0094
モデル2	27979.4	0.0352	0.0328	0.0118

　なお，これらの統計量を算出するだけでなく，モデル解と実績値の両方をグラフとしてみることもまた必須である。仮に同じような指標の数値であっても，(1)期間内で満遍なく（適度に）実績値と乖離しているのか，(2)過去の期間は当てはまりが悪くとも直近の追随性が高いのか，(3)あるいはその逆なのか，という場合もありうるからである。そして，そうした特性はモデルの利用法にも大きくかかわってくる。たとえば近い将来の予測を

図2-4　モデルの当てはまり

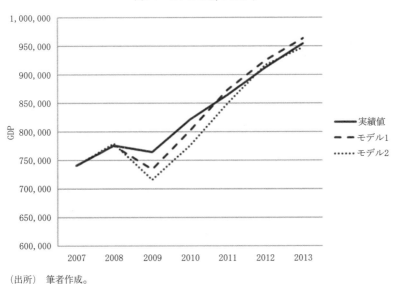

（出所）　筆者作成。

したいならば，上の(2)のような動きをしているモデルの方がふさわしそう
だ，と感じられるのではないだろうか[17]。

　また，いくら追随性が高くなるといっても注目したい変数の方程式をと
り外してしまう（つまり外生変数にしてしまう）わけにはいかないといったジ
レンマに直面することも往々にしてある。このように，モデルを構築し，
実際に活用する段階に入るまでには，同時に色々なことに目配りをし続け
なければならない，という苦悩がある。

　閑話休題。実際，先の例ではモデル1とモデル2でのGDPの動きは以下
のようになり，モデル1の方が当てはまりがよいことがみてとれる。

　こうしたテストを通じ，同時方程式で表されたモデルがどの程度現実経
済を表現できているかがわかる。もしもこの時点で現実経済とまったく乖
離した動きをしているようなら，その先にある分析や予測の使いものにな
らないことは明らかであろう。

4．ショック・シミュレーションとシナリオ・シミュレーション

　マクロ計量モデルの活用方法はさまざまであるが，そのほとんどはシス
テムに外生的に与えられたショックが，シミュレーション期間内に各内生
変数にどう波及し，あるいは減衰していくのかを色々なやり方で観測する
ものである。そのショックの与え方によって

　　(1)　ショック・シミュレーション
　　(2)　シナリオ・シミュレーション

の二つに大別できる。
(1)ショック・シミュレーションでは，たいていの場合，一時的な外生的攪
乱要因を設定し，それがモデル内の各経路を通じてどのように波及してい
くかをみる。

　たとえば，(a)原油価格の急変，(b)為替の急変，というような国際的な要
因から（しかも一国で対処できない）与えられるショックや，(c)政府支出の
大幅な見直し，(d)政策金利や(e)税率の変更，といった，その変更が一国の

内政に委ねられるものから来るショックが考えられる。とくに後者の場合「政策シミュレーション」といい，政策担当者らによって政策変更の効果などを事前に把握・評価するために用いられることがある。

　一方(2)シナリオ・シミュレーションは，上のような単発のショックというよりは，数年（数期間）にわたる政策その他の流れが経済に与える影響を把握するものである。たとえば，(a)消費税を初年に１ポイント，５年目からさらに２ポイント上昇させ，10年後までの景気への影響をみる，(b)政府支出のうち公務員給与を，全体としてあるシナリオに沿って５年間かけて総額で○％削減する，(c)政策金利を１年に○ポイントずつ，○年かけて引き上げ（下げ）る，というように，モデルに与える外生的変更をシナリオとして事前に用意するものである。

　経済予測もこちらのシナリオ・シミュレーションの範疇に入ると考えてよい。経済予測の場合，予測対象とする内生変数（所得，消費，投資など）の方程式の説明変数のうち，すべての外生変数の値を予測する年次（四半期，月次）の分だけ準備する。それらの設定もある意味「予測」にあたることになるが，たとえば政府支出の設定については政府が公表している「○カ年計画」や予算書などが参考になるし，輸出の設定については世界経済の全体的な動向の見通しなどを世銀や国連といった国際機関が公表しているものを参考にするなど，客観的に決められるものは通常そうした情報を活用することが多い。

5．ショック試験

　ここでは，タイを例としたショック試験を２例紹介する。一つはタイ政府による財政政策の影響を，もう一つは米国の財政政策が貿易を通じてタイに与える影響を計測する。二つ目の例は第６章でも同様のショック試験の例をとり上げるが，そのやり方のちがいをみるために紹介するものである。

　ところで，実はこの両方のショックとも，モデルのつくり方によっては本質的に何らのちがいもないことがある。たとえば筆者の手元にあるタイモデルでは政府支出（政府消費）および輸出の両方ともが外生変数であり，

しかも GDP 定義式への単純な足し上げのみという入り方をしているからである（これは当該モデルに限らず一般の需要型モデルに多くあてはまる仕様である）。

$$GDP= \underbrace{CP}_{\text{民間消費}} + \underbrace{CG}_{\text{政府消費}} + \underbrace{CF}_{\text{総投資}} + \underbrace{J}_{\text{在庫増減}} + \underbrace{(X-M)}_{\text{純輸出}}$$

　この式の CG を変化させるのと，X を同じ額だけ変化させるのとはモデル上何の差異もないことは明らかであろう。ただし，上で「モデルのつくり方による」と書いたとおり，もしどちらかあるいは両方の変数がモデル内でそれぞれ別の方程式の説明変数に使われているなど，モデルからみて異なる入り方をしている場合にはそのかぎりでないこともまた明らかであろう。

　現在のタイモデルは上記のように政府消費も輸出も GDP 定義式での単なる足し算として入っているが，実際，過去にアジア経済研究所で予測目的に使用していたマレーシアモデルでは輸入関数の説明要因として輸出が導入されていたことがある。これはマレーシアでは原材料・中間財を輸入して最終財に組み立て，輸出する加工貿易が重要な役割を果たしている特色を明示的に表現した（未来の輸出の代理変数として当期のそれを使った）ものである。このような場合には政府支出へのショックと輸出へのショックはそれぞれ別の経路（一部重複するが）を通じてモデルに与えられることになる。

6．外生変数に与えるショック

　本質的に同じショックとはいえ，この2例では外生ショックの設定方法は異なる。それぞれについて設定の手順を確認しておく。

7．政府消費に与えるショック

　基準年において，タイの政府消費が10％増大する場合を考える。基準年

周辺のタイの政府消費（実質）は以下のとおりである（現バージョンのタイモデルでは投資は民間部門と公共部門に分けられていない）。

表2-2　タイの政府支出（実質）
(bil. baht)

	政府消費
2008	1,420.0
2009	1,565.9
2010	1,711.9
2011	1,770.3
2012	1,890.7
2013	1,937.8
2014	1,977.9

（出所）　筆者作成。

シミュレーションのシナリオは「2010年における政府消費の10％増大」であるから，2010年の政府支出の総額1兆7119億バーツの10％分の1711億9000万バーツ（171.19（10億バーツ））を上記のGDP定義式に加えるための変数を設定する。これを「Gショックダミー（DUM_G_SHOCK）」と名づける。2010年以外についてはショックは与えないのでこの変数の値はすべて0とする。また，シミュレーション開始年は2010年とする（それ以前からシミュレートすると，本来ショックを与えるべき2010年の値が上の設定と変わってしまうため）。

$$GDP = CP + (CG + DUM\_G\_SHOCK) + CF + J + (X - M)$$

表2-3　ショック後予測

DUM	G_SHOCK
2010	171.19
2011	0
2012	0
2013	0
2014	0

（出所）　筆者作成。

なお，この171.19という値は，2010年のベースケース GDP （10802）の
1.5％強に当たる規模である。

　　8．輸出に与えるショック

　一方，米国の財政支出増が貿易を通じてタイ経済に影響を与えるという
シミュレーション試験の場合，ショック変数の設定は若干複雑になる。こ
こでは，米国の政府支出がある 1 年だけ倍になったという想定で，それが
タイ経済にどのように影響するかを計測するいくつかのやり方を紹介する。
　はじめに，米国の財政支出増が GDP 増大を通じて自国の輸入増にどれだ
け貢献するかをみるため，以下のような単純な米国の輸入関数を推定する。
大まかな乗数効果をみるだけなので，ここでは国民経済計算の輸入を GDP
のみで説明するという定式化にしておく。

　　　M＝f [GDP]

実際に米国のデータを用いてこの推定を行い，以下の結果を得る（括弧内は
t 値）。
　　　M＝－1585.51＋0.266284*GDP
　　　　　 (19.4)　　　 (42.1)
　　　サンプル期間：[1990－2013 (24)]
　　　$\overline{R}^2$（自由度修正済決定係数）＝0.98719

米国の政府消費および投資について基準年付近の数値（実質）は以下のとお
り。
これより米国の政府支出をたとえば2010年に倍増させる。この3174（10億ド
ル）は米国の GDP 定義式にそのまま足し上げられるので，GDP は同じ額だ
け上昇する。従って，上の輸入関数の GDP の係数と掛け合わせると，2010
年の米国の輸入は0.266284×3174＝845.2（10億ドル）の増大が見込まれる
ことになる。
　※実際は政府支出の増大がそのまま GDP に上乗せされるほど単純ではな

表2-4　米国の消費および投資

(10億ドル)

	政府消費	政府投資	計
2008	2,398.9	618.3	3,017.2
2009	2,482.2	691.2	3,173.4
2010	2,522.2	651.8	3,174.0
2011	2,453.4	586.1	3,039.5
2012	2,416.3	561.4	2,977.7
2013	2,362.3	537.9	2,900.2
2014	2,355.8	534.9	2,890.7

(出所)　筆者作成。

いし，輸入への影響もこれほど一直線なものにならないことは明らかであるが，考え方の一つとして割り切ってほしい。

　つぎに，米国の輸入全体に占めるタイの割合をみる。米国の輸入シェア（一部）は 2010年で以下のとおりである。

表2-5　米国の輸入に占めるタイの割合

米国輸入財全体	相　手　国				
	Aus	・・・	Tha	・・・	Wld
	0.00447148	・・・	0.01200963	・・・	1

(出所)　筆者作成。

この数値を使えば，米国で増大する輸入分のうち，1.2％ほどがタイ由来であることになり，輸入増大分と掛け合わせれば，845.2×0.01200963＝10.15（10億ドル）がタイからの輸入増大分と算出される。

　さて，タイモデルは10億バーツ，米国モデルは10億ドル単位のデータで動いているので，この値をタイモデルに適用するため，為替レートの変換が必要となる。2010年のタイバーツ／米ドルレート（年平均）は31.6857であるから，換算すると

　　10.15（10億ドル）× 31.6857＝321.61（10億バーツ）

となる。ここで，片方のモデルが百万通貨単位で動いている場合にはその分の調整ももちろん必要となる。

あとは同様に，GDP定義式に加えるための変数（Xショックダミー：DUM_X_SHOCK）を準備し，以下のように設定する。2010年以外についてはショックは与えないことも同様である。

$$GDP＝CP＋CG＋CF＋J＋（[X＋DUM\_X\_SHOCK]－M）$$

表2-6　ショックダミー付

DUM	X_SHOCK
2008	0
2009	0
2010	321.61
2011	0
2012	0
2013	0
2014	0

（出所）　筆者作成。

321.61という値は，2010年のベースケースGDP（10802.4）の3.0%弱に当たる。

　※なお，ここでは基準年でのショック試験のため為替換算は単純なものとなっているが，それ以外の年について行うときは若干注意する必要がある。この点については巻末「補遺　第6章　ドル建てと各国通貨建てを」参考にしながら考察してほしい。

　9．ショック試験の結果

　上でみたとおり，G_SHOCKもX_SHOCKも，どちらもGDPに単純に上乗せするというだけであるから，ことさらに変数名を変える必要もなく，ショックの規模が異なるというだけである。実際，これらのショックを与えた結果，GDP，民間消費（CP）および総輸入（M）に現れる影響を以下に

示す。これらの数値は，ベースケースとの乖離である。

表2-7　ショック試験の結果

G_SHOCK (171.19)				X_SHOCK (321.61)		
GDP	CP	M		GDP	CP	M
2.14%	0.87%	1.48%	2010	4.01%	1.62%	2.77%
−0.35%	0.31%	0.53%	2011	−0.66%	0.57%	0.99%
−0.14%	0.11%	0.19%	2012	−0.26%	0.20%	0.35%
−0.05%	0.03%	0.06%	2013	−0.09%	0.06%	0.12%
0.00%	0.00%	0.00%	2014	0.00%	0.00%	0.00%

（出所）　筆者作成。

　結果をみると，与えたショック（171.69, 321.61）がGDP初年値（ベース
ケース）のそれぞれ（1.5%強, 3.0%弱）であったのに対し，モデルを解いて
得られた影響はそれぞれ（2.1%, 4.0%）程度となっており，モデル全体を
通じて得られる解が与えたショックの総量と異なっていることに注意して
ほしい。また，G_SHOCKとX_SHOCKの比率は倍程度の開きがあるが，
とくに初年において各変数に生じる影響の度合いもおおむね倍くらい異な
ることがわかる。
　また，これらのシミュレーションを通じ，（国内・海外を問わず）与えられ
たGDPに対するプラスのショックが，一方で民間消費を押し上げる方向に
寄与しているものの，同じショックが同時にGDP増大→輸入増大を招き，
結果としてGDP全体で翌年以降に負の影響として現れる，ということも確
認される。

10.　より精緻に行ってみる

　上で述べた米国の財政拡大のケースは，単純な輸入関数の係数によりGDP
増大を輸入拡大に読み替えているが，もし米国モデルを保有しているなら
ば，次のような試みもありうるだろう。
　この方法は樋田・山路・植村（1994），Toida, Yamaji and Uemura（1994）

で開発したリンクシステムの一部分（簡便法）として実装されていたものを
参考にしている。

(1) 政府支出拡大の規模は同一とする（2010年に倍増）
(2) 米国モデルをその条件で解くことにより，輸入の増大分が求まる
(3) 残りの手順は上と同一

　簡単な米国モデルで上記(1)(2)の手順を行ってみたところ，輸入の増大分
は以下のように算出された。（以下，丸め誤差が一部に生じている場合がある）

表2-8　米国の総輸入の拡大幅

Year	bil.$	(%)
2010	116. 14	4.40
2011	59. 45	2.22
2012	30. 48	1.12
2013	15. 64	0.57

（出所）　筆者作成。

　総輸入の増大分は初年（2010年）で116.14（10億ドル）程度と，63頁の845.2
と比べるとかなり小さな値となる。これは同頁の単純な積算に比べ，米国
のGDP上昇が国内需要項目を通じ，GDPを再調整する，というサイクルを
経ているところからきている。なお，ここでは米国のGDP増大分から輸入
拡大分を計算するのではなく，米国モデルの内生変数である輸入の増大そ
のものをみていることに注意されたい。

　手順(3)では，表2-5のタイからの輸入シェアを乗じることにより

$$116.14 \times 0.01200963 = 1.394798（10億ドル）$$

がタイからの輸入増大分と算出される。同様に手続きを進めると，この数
値は

$$1.394798（10億ドル）\times 31.6857 = 44.20（10億バーツ）$$

となる。

　この値を同様にタイモデルに適用し，ベースケースとの乖離をみると，以下のようになる。タイモデル自体の構造は同じだから2年目以降，GDP増大が輸入拡大を招き，結果としてGDPはベースケースよりも下落するという構図は同じである。

表2-9　ベースケースとの乖離

	X_SHOCK (5065.6)		
	GDP	CP	M
2010	0.55%	0.23%	0.38%
2011	−0.09%	0.08%	0.14%
2012	−0.04%	0.03%	0.05%
2013	−0.01%	0.01%	0.02%
2014	0.00%	0.00%	0.00%

（出所）　筆者作成。

　こうしたちがいは，タイモデル，米国モデル両方の設計・定式化・モデルパフォーマンスのちがいなどによりさまざまな差となって現れてくることはもちろんである。

　なお，上の表2-9から，米国モデルに与えたショックは1年で消滅せずに2年目以降も（減衰しながら）継続することが計測されていることがわかる。基準年以外の年については為替の換算が若干複雑にはなるが，この情報からタイモデルに2年目以降に与える外生ショックの値を算出することも可能である。どのようにすればよいのか，頭の体操のつもりで考えてみてほしい。

11. シナリオ試験

　前節でみたタイモデルで，政府支出を1年だけ増大させてみると2年目以降にはGDP増大が輸入の拡大を招き，結果としてGDP全体ではベースケースよりも縮小してしまうことがみられた。そこで，2年目以降にちょ

うどその分をカバーする程度の規模で政府支出を増大させる，といった「手当て」が考えられる。

12. 政府支出に関するシナリオ

前節では2010年一時点におけるショックであったが，その結果として2011年以降，以下のような GDP 縮小を招いていた（再掲）。

表2-10　ショック試験結果（表2-7　左　再掲）

	G_SHOCK (171.19)		
	GDP	CP	M
2010	2.14%	0.87%	1.48%
2011	−0.35%	0.31%	0.53%
2012	−0.14%	0.11%	0.19%
2013	−0.05%	0.03%	0.06%
2014	0.00%	0.00%	0.00%

（出所）　筆者作成。

そこで，2011年から2013年にGDP規模のそれぞれ0.35%，0.14%，0.05%の手当てを，政府消費を通じて行うシナリオを考える。ベースケースの GDP は各年で以下のとおりであるから，手当ての規模も自動的に決められ，それは政府支出への追加分（G_SHOCK）として設定すればよい。

表2-11　政府支出への追加分（G_SHOCK）

	ベースケース			G_SHOCK
	GDP	減少分	規模	設定
2010	11,773.44	−	−	171.19
2011	11,740.71	−0.35%	41.79	41.79
2012	11,722.35	−0.14%	16.13	16.13
2013	11,447.00	−0.05%	5.81	5.81
2014	12,093.77	−	−	0

（出所）　筆者作成。

この「シナリオ」に基づいてシミュレーションを行った結果を以下に示す。

表2-12　シミュレーション

	G_SHOCK		
	GDP	CP	M
2010	2.14%	0.87%	1.48%
2011	0.12%	0.50%	0.87%
2012	−0.04%	0.25%	0.43%
2013	−0.05%	0.11%	0.19%
2014	0.00%	0.00%	0.00%

（出所）　筆者作成。

　この「手当て」の結果，2年目のGDPはプラスに転じ，3年目のマイナス幅は縮小する。しかし，そのGDPの好転は輸入の増大を招き，4年目に民間消費は改善されるが輸入増とのバランスでGDP縮小幅は改善されない。

13.　シナリオ比較の例〜カンボジアのケース

　植村（2009）では需要型・供給型カンボジアモデルをそれぞれ構築し，需要型モデルについては簡単なシミュレーション実験を行っている。それによると，1990年代半ば〜00年代半ばの日本からカンボジアへの政府開発援助（ODA）は二国間および国際機関からの開発援助を含めても常に最大の供与を行っており，とくに二国間で見ればカンボジアが受け取るODAの3割から4割程度が日本からの供与である。これらODAはマクロ計量モデルの枠組みを通してみれば公共投資の拡大を通じてGDPに直接の影響を与え，そこから間接的に消費や輸入といった諸変数へも波及する。また，投資増大は国内資本ストックの増大につながり，それはカンボジアの潜在的な生産力の増強にも寄与し，雇用増大や所得上昇といった社会的安定性を高める効果があるとともに，過剰な超過需要の存在による物価上昇を抑制する効果も併せもつとしている（植村 2009）。シミュレーションでは日本のODAがカンボジア経済に与える影響を，次の二とおりのシナリオで分析してい

る。なお，シミュレーション期間を2000～2006年の7年間とした期間内シミュレーション（in-sample simulation）を行い，外生的ショックとしてはこの期間の日本の年平均供与額1億530万ドル（カンボジアのGDPの2％内外）を参考に，以下のように決めている。

(1) 1億4000万ドル全額を初年に供与，次年以降はベースケースと同じ
(2) 毎年2000万ドルずつをベースケースに上乗せ

いずれのシナリオでも，総額は7年間で1億4000万ドル増大することになる。これら二つのシナリオを表にすると以下のようになる（植村 2009, 65「表2-6（3B）」を転載）。

表2-13　外生条件

(100万米ドル，%)

	ベースケース	シナリオ1		シナリオ2	
		供与額	乖離*	供与額	乖離*
Year 1	99.2	239.2	141.10%	119.2	20.20%
Year 2	120.2	120.2	0.00%	140.2	16.60%
Year 3	98.6	98.6	0.00%	118.6	20.30%
Year 4	125.9	125.9	0.00%	145.9	15.90%
Year 5	86.3	86.3	0.00%	106.3	23.20%
Year 6	100.6	100.6	0.00%	120.6	19.90%
Year 7	106.3	106.3	0.00%	126.3	18.80%

(出所)　筆者作成。
(注)　＊ベースケース値との乖離。

　この二つのシナリオによるシミュレーション結果を，いくつかの変数についてベースケースからの乖離度合いで比較すると以下のようになっている（植村（2009）の結果より筆者作成）。
これらの結果から，初年に全額を一気に投入したケース（シナリオ1）では，初年にはプラスの影響が出るものの，2年目以降はその反動として負の影響が現れる。また，過剰な資本ストックの積み上がりは過剰な潜在成長力をもたらし，下落した総需要と相まって需要圧力が急激に下落することから2年目以降の物価下落を引き起こしている。

表2-14 シミュレーション結果

(ベースケースからの乖離, %)

		Year 1	Year 2	Year 3	Year 4	Year 5	Year 6	Year 7
GDP	(S1)	3.9	−0.03	−0.12	−0.1	−0.09	−0.07	−0.06
	(S2)	0.79	0.66	0.71	0.56	0.83	0.72	0.7
総投資	(S1)	13.51	−0.03	−0.35	−0.3	−0.26	−0.22	−0.19
	(S2)	2.66	2.22	2.51	1.96	2.84	2.44	2.31
資本ストック	(S1)	0	1.81	1.55	1.3	1.09	0.93	0.78
	(S2)	0	0.36	0.62	0.87	1.01	1.26	1.39
潜在生産	(S1)	0	0.87	0.75	0.63	0.53	0.45	0.37
	(S2)	0	0.17	0.3	0.42	0.48	0.59	0.67
一般物価	(S1)	0.47	−0.3	−0.27	−0.23	−0.19	−0.16	−0.14
	(S2)	0.1	0.02	−0.02	−0.07	−0.06	−0.11	−0.14

(出所) 筆者作成。
(注) S1, S2はそれぞれシナリオ1, シナリオ2を示す。

　一方で，毎年同額を上乗せしたケース（シナリオ2）では，GDP押上げ効果が緩やかであり，2年目以降もストック増大が総需要の増大に追いついている。このため，需要圧力の上昇もシミュレーション期間を通じて緩やかであり，結果として3年目以降に一貫して一般物価の下落が計測される。これはシナリオ1で起こった需要減退を伴う物価下落とは異なり，ストック増強に伴う潜在生産の上昇に支えられたむしろ健康的なものであるといえる。

　以上から，政府開発援助のあり方として，一時的に巨額の投下をするよりは，少額でも息の長い協力を継続する方が，カンボジアの適正な成長に寄与するということがいえる（植村 2009）。

（コラム）「予測」とは「立ち位置を決める」ことでもある

　マクロ計量モデルによる予測では，未来の予測したい期間についての，しかもモデルの外から与えるための条件を決めるのが重要である（これについては第3節「内生変数と外生変数」参照）が，それと同じく重要なのが，現在までの状況を確固たるものとしておくということである。土台がしっかり

していなければ建造物の構築が不可能なのと同様，わかりうる最近の経済の姿が確定していないことには予測のしようがない。

　筆者の経験を顧みると，かつてアジア経済研究所で東・東南アジア各国地域の経済予測を発表していたことがあるが，この「予測」というのが毎年12月に，当年および翌年の経済成長率とインフレ率とを発表するものであった[18]。ある年の成長率はその年の経済が確定しないかぎり決まらないから，それを事前に推計するために，四半期や月次の情報を最新時点まで収集したものである（当初は今と違ってネットによるデータ配信など存在しなかったので，最新の統計書・統計データの入手というのがまた一仕事であった）。もちろん前年以前のデータ更新などにも細心の注意を払ったことはいうまでもない。こうしてみると，経済「予測」とはいうものの，それで一番確実にわかることというのは，「現在自分の立っている位置」の詳細な情報であったともいえる。

図2-5　予測のスタンス

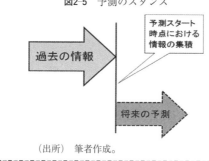

（出所）　筆者作成。

おわりに

　本章は，マクロ計量モデルとは何ぞや，という問いから始め，その特徴やメリット・デメリットをふまえたうえで，実際にモデルを構築するための手順やその利用法についてごく簡単に網羅したものである。

　筆者はアジア経済研究所でマクロ計量モデルによる予測・分析を長く手がけてきたが，当初はこれといったマニュアルや教科書があるわけでもな

く，その「徒弟期間」のほとんどにおいてチーム内の口伝で技術継承が行われてきたのである。そこで本章では，学部レベルの経済学や統計学の知識がひととおりある読者を対象に，初学者がマクロ計量モデルを作成しようと試みる際，全体を俯瞰できる一定の高みまでは到達できるように配慮したつもりである。胸突き坂を登りきってしまえば，その先は自ずとみえてくるはずである。あとは各自，それぞれの方法や方向性，ペース配分でじっくり楽しんでください。

〔注〕────────────────

(1) モデルの挙動試験などのためにわざとおかしな仮定をおいて作成する，などという場合もあるので少し慎重な書き方をしてみた。

(2) さまざまな経済モデルの中には，こうしたパラメータも分析者が決定するものがある。

(3) 生産関数には他にも CES 型，トランスログ型，VES 型など，さまざまな特性と限界を持つ型が提唱されている（坂野他 2004）。また，CES 生産関数の応用については小川・斎藤・二宮（1991）に日本について推定した実例がある。

(4) 今川（1979）では，供給先決型モデルの原型を「供給天井型実質フローモデル」と呼んでいる。ここでは供給制約要因として資本ストックのみを考え，労働力は無制限に供給されると仮定している。

(5) たとえば世銀や IMF，ADB などの国際機関による「Economic Outlook」といった報告にしばしば利用例が見られる。

(6) 当然これらの操作をするツールとしてのソフトウェア等も必要となる。本書で取り扱うマクロ計量モデルおよび貿易リンクシステムは EViews というソフトウェアを用いている。

(7) ここに挙げた統計量群は，最低でもこのくらいは目配りをしておかなければならないもの，という基準で選んでいる。EViews のようなパッケージソフトではこのほかにも多種多様な統計量が出力されるので，それらについては必要に応じて検討していただきたい。

(8) いささか無理のある仮定であるが説明のためとご理解願いたい。

(9) 実際には上記の他，在庫増減や統計上の不突合といった項目があることもあり，民間消費も家計その他に細分類され，投資も同様に設備・建設といった細分類がなされているが，ここでは簡単化のために省略する。

(10) こういう「その行く先のない」定義式をモデル専門家はしばしば「盲腸」などと呼んだりしていた。「その式は盲腸？」といった会話が昔は普通になされていたことを懐かしく思い出す（今はどうなのだろうか？）。

(11) ラグ項の係数が1よりも大きい場合，例えば極端に係数が2であるなどという場合を想定してみると，今年の消費は前年の消費の2倍，前々年の4倍…という影響

を受け続けることになる。これではモデルは発散してしまう。

⑿　ただし，第5節でふれたとおり，説明変数群の中に被説明変数のラグ項がある場合には DW 統計量による検定はできず，代わりに h 統計量を用いた h 検定が必要となる。蓑谷（1997）などを参照のこと。

⒀　不偏性，一致性といった推定量の性質については統計学の適切な参考書を参照されたい。

⒁　一意に決まる場合が一番望ましいのはいうまでもないが，最後の例のような複数の式が出るケースの場合はそれに対処する手法が用意されているため，致命的な問題ではない。

⒂　YとC及びIへの行き来が（行き帰りとも）正符号であるため，何かの拍子で消費や投資が不安定に増え始めるとそれが増幅してしまう。

⒃　このような単純な変更でつねにうまく解決できるとはかぎらないが，この考え方は重要である。一変数のある方向への変化が自分自身の同方向への変化を加速させるようなルートしかないようなモデルは危険である。

⒄　ところが，実はこうしたことをまったく気にかけなくとも，データ（材料）があって適当なソフトウェア（調理器具）がありさえすれば，あとはその器具が「勝手に」結果を出してくれる（モデルは作れる）というのも事実である。前節で述べたフローチャートを描くことも含め，「データ自体をよく見る」「データに語らせる」「データ間の関係を把握する」ことなしに分析だけを進めるのは大いなる誤りである。久保（2012）では，「『理解しないままソフトウェアを使う』作法を（仮に）ブラックボックス統計学と呼ぶ」としているが，より広く考えれば「データをよく見ずして分析に入る」こともまたその作法に他ならない。

⒅　作業を行っているその年については予測という言葉を用いず，計測といっていた。

〔参考・関連文献〕

　　ここでは，本論内で直接引用したもの（行頭に†印を付す）以外にも，参考となろう文献を挙げておく。中には現在では絶版となり入手しづらいものも含まれているが，最近はネット書店の品揃えもかなり充実しているので，図書館とあわせて活用してほしい。

＜日本語文献＞
浅野皙・中村二朗 2000.『計量経済学』有斐閣
飯塚信夫 2014.「経済予測とマクロ経済モデル」日経デジタルメディア『NEEDS 日本経済モデル40周年記念冊子』第2章，23-29.
飯塚信夫・加藤久和 2006.『EViews による経済予測とシミュレーション入門』日本評論社.
†今川健 1980.『開発途上経済のモデル分析』中央大学出版部.
†植村仁一 2009.『カンボジアのマクロ計量モデルと経済・社会統計』（アジア経済研究

所統計資料シリーズ第92集）アジア経済研究所.

† ——— 2010.「開発途上国マクロ計量モデルの歴史的展開（Ⅱ）」野上裕生・植村仁一編
　　　『開発途上国のマクロ計量モデル—政策評価のためのマクロ計量モデル研究会—』
　　　アジア経済研究所　17-42.

——— 2013.「モデル構築の効率化プログラム——輸入関数選別の効率化を図るために——」
　　　野上裕生・植村仁一編『アジア長期経済成長のモデル分析（Ⅲ）』（アジア経済研
　　　究所統計資料シリーズ第97集）アジア経済研究所.

岡部光明 2003.『経済予測』日本評論社.

† 小川一夫・斎藤光雄・二宮正司編 1992.『多部門経済モデルの実証研究』創文社.

† 尾崎タイヨ 1985.『計量モデル分析と数値計算法』CBS 出版.

† 刈屋武昭監修 1984.『計量経済分析の基礎と応用』東洋経済新報社.

† 刈屋武昭 1986.『計量経済分析の考え方と実際』東洋経済新報社.

† 久保拓弥 2012.『データ解析のための統計モデリング入門』岩波書店.

熊谷一隆 1976.「段階的接近法による短期経済予測」『オペレーションズ・リサーチ』21
　　　（11）　623-628.

† 坂野慎哉・黒田祥子・鈴木有美・箕谷千鳳彦 2004.『応用計量経済学Ⅲ』（数量経済分
　　　析シリーズ第4巻）多賀出版.

† 貞広彰 1992.『日本経済のマクロ計量モデル分析』有斐閣.

滝川好夫・前田洋樹 2006.『EViews で計量経済学入門』第2版　日本評論社.

† 樋田満・山路千波・植村仁一 1994.「アジア工業圏に与える EC 市場統合の経済効果」
　　　『アジア工業圏への EC 統合インパクト——現状と展望——　国際シンポジウム報
　　　告書』アジア経済研究所　41-83.

樋田満 1995.「アジアのマクロ計量経済モデル——1980年代後半以降の発展と課題——」
　　　『アジア経済』36(8)　8月　194-211.

浜田浩児・堀雅博・花垣貴司・横山瑠璃子・亀田泰佑・岩本光一郎 2015.「短期日本経
　　　済マクロ計量モデル（2015年版）の構造と乗数分析」（ESRI Discussion Paper Series
　　　No. 314）内閣府経済社会総合研究所.

† 伴金美 1991.『マクロ計量モデル分析』有斐閣.

† 廣松毅・藤原直哉 1990.『計量経済学の実際』（新経済学ライブラリ　別巻2）新世社.

福山光博・及川景太・吉原正淑・中園善行 2010.「国内外におけるマクロ計量モデルと
　　　MEAD-RIETI モデルの試み」（RIETI Discussion Paper Series, 10-J-045）独立行政
　　　法人経済産業研究所.

† 松浦克己・Colin McKenzie 1999.「応用計量経済学」(7)[第7章連立方程式モデル]
　　　『郵政研究所月報』(133)　10月　95-116.

† ——— 2001.『EViews による計量経済分析』東洋経済新報社.

蓑谷千凰彦 1996.『計量経済学』（計量経済分析シリーズ　第1巻）多賀出版.

† 蓑谷千凰彦 1997.『計量経済学』第3版　東洋経済新報社.

村田啓子・岩本光一郎・増淵勝彦 2007.「短期日本経済マクロ計量モデルへの連鎖方式

の導入について」『経済分析』（179） 55-71.
†森棟公夫 1985.『経済モデルの推定と検定』共立出版.
†安田聖 1999.『計量モデルの構造と解法』日本経営科学研究所.
†山澤成康 2004.『実戦計量経済学入門』日本評論社.
吉川洋 1984.『マクロ経済学研究』東京大学出版会.
吉野直行・高橋徹 1990.『パソコン計量経済学入門』多賀出版.
渡部肇 2014.「マクロ経済モデルの現状」『NEEDS 日本経済モデル40周年記念冊子』第
　　3章, 29-37.

＜英語文献＞
Hamid Habibagahi and John L. Pratschke 1972. "A Comparison of the Power of the von
　　Neumann Ratio: Durbin-Watson and Geary Tests," *The Review of Economics and
　　Statistics* 54(2): 179-185.
Hart B.I. and von Neumann, John 1942. "Tabulation of the Probabilities for the Ratio of the
　　Mean Square Successive Difference to the Variance," *The Annals of Mathematical
　　Statistics* 13(2) June: 207-214.
†Klein, L. Rawrence 1950. *Economic Fluctuations in the United States* 1921-1941. (Cowles
　　Commission for Research in Economics Monograph, No. 11) Chicago; University
　　of Chicago.
Robart Bartels 1982. "The Rank Version of von Neumann's Ratio: Test for Randomness,"
　　Journal of the American Statistical Association 77(377): 40-46.
†Toida, Mitsuru, Yamaji, C. and Uemura, J. 1994. "Economic Impact of EC Market
　　Integration on Asian Industrializing Region: Measurement by PAIR Link Model," In
　　*Impact of EC integration on Asian Industrializing Region: Papers and Proceedings of
　　a Symposium Held at the Institute of Developing Economies on June 22-24, 1993, in
　　Tokyo*, edited by M. Toida. Institute of Developing Economies: 21-53.
Von Neumann, John 1941. "Distribution of the Ratio of the Mean Square Successive
　　Difference to the Variance," *The Annals of Mathematical Statistics* 12(4) Dec.: 367-
　　395.

第3章

東アジア先発途上国のモデル事情
——韓国・台湾を中心に——

渡 邉 雄 一

はじめに

　本章では，かつてアジア NIEs（韓国，台湾，香港，シンガポール）と呼ばれた東アジアの先発途上国・地域のなかで，とりわけ韓国と台湾を対象としたマクロ計量モデルの開発事情や利用方法などについて，1980年代以降の先行文献を手がかりに考察する。本章の構成は，以下のとおりである。

　第1節では，先行研究における議論をもとに，途上国モデルにおける供給決定型（供給型）と需要決定型（需要型）の特徴や問題点，途上国経済の実情をふまえて供給型から需要型へモデル開発が変遷してきた経緯をまとめる。第2節では，おもに1980～90年代にかけて開発された韓国・台湾モデルについて，国内における研究成果を中心に各モデルの構造や特徴を概観しながら，マクロ計量モデルがどのように利用されてきたかを考察するため，マクロモデルを用いた乗数分析や政策シミュレーションの内容を整理する。第3節では，アジア通貨危機後の経済構造の変化をふまえて再構築された，ふたつの代表的な韓国モデルを紹介する。また，政策変更や外生ショックなどのシミュレーション事例をみることで，マクロ計量モデルの使われ方がどのように変化したかを検討する。最後に，本章のまとめを

行う。

第1節　途上国モデルにおける供給型から需要型への変遷

　本節では，開発途上国・地域を対象としたマクロ計量モデルにおける供給型と需要型の特徴や問題点，途上国経済の実情をふまえて前者から後者へモデル開発が変遷してきた経緯を，先行研究における議論をもとに整理する。

　東アジアや東南アジアの途上国・地域のマクロ計量モデルが開発される過程では，1980年代頃まではおもに供給型のモデルが試みられることが一般的であった。供給型モデルとは，生産関数によって供給サイドから生産規模や所得（GDP）が決定されるタイプのアプローチである。途上国モデルの開発において，供給型が採用されることが主流であった背景には，途上国・地域の経済成長にとって最も基本的な制約条件は資本蓄積の不足であって，供給余力が生じる場合でも小国の仮定によって生産物はすべて国際価格で輸出され，需要不足は長期的には生じないという考え方があった（小菅 1991）。

　しかし，途上国経済の実情にかんがみると，供給型のモデルを適用することの妥当性に対して問題が提起されるようになった。たとえば小菅（1991）によれば，過去の輸入代替工業化政策の結果，途上国・地域の多くではむしろ慢性的な需要不足が問題となったばかりでなく，資本不足など生産要素の問題についても，先進国からの直接投資や経済開発援助などが利用できる状況では必ずしも直接的な制約条件にはならなくなった。途上国経済における輸出志向工業化の経験は，成長の制約が輸出産業をはじめとする生産能力の大きさよりも，国際的な輸出市場で需要を獲得できる価格競争力を実現できるかどうかにあり，供給面の重要性が生産関数による所得決定メカニズムよりも価格決定メカニズムにあることを示唆するものである（小菅 1991）。また，現実的な問題として，途上国・地域の多くでは資本ストックや労働力などの統計データが十分に整備されていないために，生産

関数を適切に推定することが容易でなく，供給型のモデルが有用な分析ツールとして機能しないという指摘もある（小菅 1991）。

　総需要が総生産を上回ることを前提とする供給型モデルでは[1]，生産関数で決定される所得（GDP）を総需要と一致させるために，総需要の少なくとも1項目を残差として定義せざるを得ない。そのマクロ的な需給調整メカニズムという点においても，供給型には問題があることが指摘されている。たとえば，需給調整項目に海外需要としての輸出が選択される場合には，総生産＋輸入（総供給）から国内需要を差し引いた残差が輸出となってしまい[2]，輸出増と生産増が同時に実現する保証はなく，輸出増を通じて生産が拡大してきた途上国・地域の輸出主導型成長を適切に分析できないという弱点をもつ（樋田 1995）。あるいは，投資を残差とする試みもみられるが[3]，このタイプのモデルでは輸出の伸びが国内投資を圧迫して成長を抑制することになり，輸出主導型成長の論理と矛盾するばかりでなく，政府投資の拡大（インフラストラクチャー整備など）が民間投資を完全にクラウドアウトする形となり，開発政策の現実にそぐわない（小菅 1991）。また，在庫投資を需給調整項目とする場合においても[4]，供給型モデルの前提（$Y < Y^D$）によって在庫投資は適正在庫投資から超過需要を差し引いたものとなり，経済的解釈が困難になると同時に，モデル動作の不安定要因となる（樋田 1995）。

　さらに，供給型モデルに含まれる関数の解釈が，意外に明確でないという問題も指摘されている。たとえば，供給型モデルには投資関数が導入され，その説明変数には所得（GDP）が使用されることがある。投資関数に導入されるGDPは予想生産物需要の代理変数と考えるべきであろうが，総需要が供給能力を上回っていると想定するかぎり，企業が投資決定に際して需要制約に直面すると考えることは整合的ではない（荒木 1990）。また，価格の調整機能によって需給が一致して資源の完全雇用が達成されているのであれば，物価水準の決定式の定式化に曖昧さが残るであろうし，有効需要を構成する投資や消費は価格に反応しない定式化になってしまうという問題がある（荒木 1990）。

　こうした問題提起によって，1990年代以降の途上国モデルの開発では，輸出主導型経済における需要制約を想定して，所得（GDP）が需要項目の積

み上げによって決まる需要型が広く採用されるに至った。ただし，いわゆ
るケインズ型と呼ばれる需要型モデルの欠点としては，投資と生産能力と
のリンケージが希薄なために投資関数などの定式化が難しいことや，産業
高度化による資本ストックの不足や生産性の向上といった供給サイドの役
割を明示的に扱いにくいことなどが指摘される（Valadkhani 2004）。また，
初期のASEAN諸国のモデル開発のなかでは，Yokoyama（1985）に示される
ように輸出市場で生まれた需要に対応して供給量が決まる製造業部門と，
生産要素と供給能力の制約条件が有効な農林水産業部門が併存する，いわ
ば成長制約が製造業品への有効需要と農業の生産性にあるような途上国モ
デルも開発されていた。しかしながら，先述のように供給型モデルでは輸
出は需要項目として本来生産増を引き起こさないのに対して[5]，需要型モデ
ルにおける輸出のマクロ経済効果は外生的な海外需要として，他の外生的
な政府支出等と同様に所得（GDP）に対して乗数効果をもち，輸出主導型の
経済成長を説明するのに適している。

第2節　1980〜90年代における韓国・台湾モデルの特徴と 利用方法

　韓国や台湾の経済発展は，狭隘な国内・域内市場という制約条件から採
用された輸出主導型の開発戦略によって，これまで支えられてきた。輸出
依存度の高い経済構造では，内需不振のなかでも輸出促進が景気の底割れ
を防ぐ役割を果たしている。本節では，おもに1980〜90年代にかけて開発
された韓国・台湾モデルについて，アジア経済研究所など国内における研
究成果を中心に，各モデル構造の特徴を整理する。また，マクロ計量モデ
ルがどのように利用されてきたかを考察するため，マクロモデルを用いた
乗数分析や政策シミュレーションの内容を整理する。

1．韓国モデル

　韓国を対象としたマクロ計量モデルの概要，および乗数分析やシミュレーションによる利用方法について，表3-1に示す。

　韓国銀行（BOK）に所属する Cheong and Kim（1985）は，1970年代以降のオイルショックを契機として供給サイドがインフレ高進を引き起こしているという認識のもと，需給要因の交互作用がインフレ率や実質所得など実物経済に及ぼす影響を分析するため，需要項目の積み上げによって国民総生産（GNP）が決定される需要型の韓国モデル（四半期ベース）を開発した。貨幣供給やコスト要因の乗数効果を検証した乗数分析では，中央銀行から民間部門への与信の10％増と輸入価格の10％上昇が試行され，物価水準は需要要因に対してより感応的であるという結論を得ている。

　一方，Osada（1985）の韓国モデル（年次ベース）は，GDP が部門別の生産関数によって決定され，在庫投資を需給調整項目とする供給型であり，1970年代の長期的な高度成長を説明するモデルとして開発された。シミュレーション分析には輸出の30％増加と輸入価格の30％上昇が用いられ，輸出拡大が内需や物価を押し上げるだけでなく，輸入の増加によって対外債務の累増も示唆される結果を導出している。

　Ramstetter（1986）は，Osada（1985）の供給型モデルを一部変更して，海外直接投資（FDI）が韓国経済に与える影響をモデル化するため，FDI や FDI 関連の資本ストックを産出量，投資および貿易を説明する関数のなかに導入している（モデルは年次ベース）。日本とアメリカからの FDI が製造業およびサービス産業に対して100億ウォン増加するとしたシミュレーション分析では，製造業への FDI の一時的な増加は韓国経済に正の影響を与える一方で，サービス産業への FDI の増大は負の効果をもつこと，アメリカよりも日本からの FDI のほうが韓国の製造業に対して大きな影響を与える一方，サービス産業に対しては影響が少ないことなどが示されている。

　長田（1987a）の韓国モデル（年次ベース）も，Osada（1985）で開発された供給型を踏襲しつつ，1970年代後半以降の韓国経済の構造変化に着目して，サンプル期間を新旧二分割して再推計を行っている。シミュレーショ

表3-1　韓国マクロモデルの概要

	Cheong & Kim(1985)	Osada (1985)	Ramstetter (1986)	長田(1987a)	Fukuchi et al. (1989)
モデル構造	需要決定型	供給決定型	供給決定型	供給決定型	供給決定型
内生変数	34（うち定義式16)	27（うち定義式9）	42（うち定義式29)	18	53（うち定義式25)
外生変数	33	9	19	14	14
サンプル期間	N/A	1964–1981	1968–1981	(旧)1966-79,(新)1975-84	1963–1982
ファイナル・テスト	1973(1/4)–1981(4/4)	1972–1981	1975–1981	N/A	N/A
乗数分析・シミュレーション	中央銀行から民間部門への与信の10%増加，輸入価格の10%上昇	輸出の30%増加，輸入価格の30%上昇	日本と米国からの対韓国直接投資の100億ウォン増加（製造業およびサービス産業に対して)	輸出増加，通貨供給（M2）の増加，ウォンの10%切り上げ（輸入デフレータの10%低下)	日本からの経済協力（開発援助）による資本ストックや政府支出の増加
シミュレーション期間	1976(1/4)–1981(4/4)	1975–1980	1975–1981	(旧)1976-77,(新)1981-82	N/A

（出所）　筆者作成。

ン分析では，韓国経済にとって象徴的である輸出の急増，貿易黒字の増大にともなう外貨のウォン化による通貨供給（M2）の増加，ウォンの10%増価（輸入デフレータの10%低下）を複合的に試行している。その結果，輸出増加は物価上昇を招くが，通貨供給の増加よりも需要圧力の増大による部分が大きく，ウォンの増価については輸出競争力が高く維持されるかぎり，むしろ内需の上昇と物価低下がもたらされるとしている。

　Fukuchi et al.（1989）も輸出主導型の経済成長，超過需要による高いインフレ率や力強い投資需要，外資への高い依存度などを特徴とする韓国経済を供給型モデル（年次ベース）で説明している。Fukuchi et al.（1989）では，日本からの経済協力（開発援助）によって韓国側の資本ストックと政府支出の増加が促されるようなシミュレーションが試行され，限界収益率を高める効果を確認している。

　長田（1989）の韓国モデル（年次ベース）は，長田（1987b）に若干のモデル変更（貨幣供給反応関数の導入など）とデータ更新を加えて需要型として再構築されている。ここでのシミュレーションには，GDP1%相当の輸出増加や世界需要の1%上昇（輸出増加に反映)，一次産品価格の10%上昇，ウォンの10%減価（輸入デフレータの10%上昇）が試行されており，一次産品価格の上昇が輸入減を導く以外は，どのケースも総じてGDPや輸入の増加，インフレ率の上昇をもたらすという結果を得ている。

　長田（1990）は，重要な政策変数である輸出を内生化し，為替レートおよ

82

長田(1989)	長田(1990)	Yoo(1994)	Oguchi(1994)	奥田(1996)	山田(2002)
需要決定型	需要決定型	需要決定型	供給決定型	需要決定型	需要決定型
9 (うち定義式3)	17 (うち定義式6)	64 (うち定義式36)	51 (うち定義式17)	17 (うち定義式3)	75 (うち定義式27)
11	8	54	11	16	24
1970-1987	1970-1988	1973(1/4)-1989(4/4)	1963-1987	1982-1994	1983-1999
N/A	1985-1988	1981(1/4)-1989(4/4)	1970-1987	1991-1994	1984-1999
GDP 1 %相当の輸出増加, 一次産品価格の10%上昇, ウォンの10%切り下げ（輸入デフレータの10%上昇）	実質賃金水準の上昇, ウォンの対ドルレート切り上げ, 円の対ドルレート切り上げ	名目GNP 1 %相当の政府消費・投資支出の増加（貨幣・債券・租税によるファイナンス）	対韓直接投資の半減, 生産技術の向上（日本の生産関数に置換）, 対外借入の減少	金融自由化による投資関数の定式化比較	輸出の10%増加, ウォンの10%切り下げ（輸入デフレータの10%上昇）, 米国および日本のGDPの10%増加
1980-1986	1985-1988	1983(1/4)-1989(4/4)	1970-1987	1991-1994	1991-1999

び実質賃金率を明示的に外生化した需要型モデル（年次ベース）を用いて，1980年代後半の韓国経済でみられた実質賃金水準の上昇，ウォンの対ドルレート増価および円の対ドルレート増価について，シミュレーション分析を行っている。その結果，賃金上昇率は生産性上昇率の範囲内であるかぎり，輸出およびGDPに与える影響は小さいこと，ウォンの対ドルレート上昇は輸出の価格競争力低下を招き，輸出およびGDPに大きな負の影響を与える一方で，円の増価については韓国の輸出にとって無視できない規模の好影響を与えることが示された。

　Yoo（1994）の韓国モデル（四半期ベース）も，同じく1980年代後半の韓国経済の環境変化をとらえるべく，それまで韓国開発研究院（KDI）によって開発・更新されてきた四半期モデルをベースに作成された需要型である。外生的ショックにモデルがどのように反応するかを確認するため，政府消費・投資支出の増加（名目GNPの1 %相当）がそれぞれ貨幣・債券・租税の3パターンによってファイナンスされることを想定して，政策シミュレーションを実施している。

　Oguchi（1994）は，資本ストックの増大としての生産能力の増加を重視した供給型モデル（年次ベース）を用いて，FDIを含めた外資が1970～80年代にかけての韓国経済に与えた影響をモデル化している。シミュレーション分析には対韓FDIの半減，日本の生産関数に置換した形での生産技術の向上，対外借入の減少が試行されており，その結果FDIに付随する生産技術

がもつ高い資本労働比率によって，FDI が対外借入よりも 5 倍以上のマクロ経済効果をもつことを示している。

奥田（1996）は，1980年代以降の韓国で進んだ金融自由化や資金調達経路の多様化による影響を捕捉するべく，投資関数（設備投資と建設投資）のなかで設備投資関数の複数の定式化を比較している。そして，異なる設備投資推定式をそれぞれ別個に含んだ需要型モデル（年次ベース）の単純シミュレーション結果を比較することで，設備投資関数の差し替えがモデル推定上の精度やパフォーマンスに与える効果を検討している。

山田（2002）の韓国モデル（年次ベース）は需要型として作成され，1980年代以降の経済変化を描写するために推定期間を1983〜99年とアジア通貨危機直後まで設定したものの，通貨危機後の構造変化については十分に説明できていない。外生変数を一部変更して行ったシミュレーション分析では，実質輸出の10％増加，ウォンの10％減価（輸入デフレータの10％上昇），貿易連関モデルとリンクさせてアメリカおよび日本の GDP が10％増加する場合を試行しており，おおむね期待どおりの効果が得られている。

2．台湾モデル

台湾を対象としたマクロ計量モデルの概要，および乗数分析やシミュレーションによる利用方法について，表3-2に示す。

Chiu（1985）の台湾モデル（半期ベース）は，総供給（潜在 GDP）が生産関数によって決定され，価格調整が超過需要を前提とする需給比率によってなされる典型的な供給型モデルとして，おもに経済予測や政策シミュレーションを目的に開発された。為替レートと公共投資を重要な政策変数とするシミュレーション分析では，台湾元の10％減価と10億元の公共投資増が試行され，ともに長期的な内需・輸出入の拡大，国内価格の上昇が導かれている。

一方，湧上（1989）の台湾モデル（年次ベース）は，先行する Sakai（1985）で示された理論的枠組みを引き継いだ改訂モデルとして，需要が生産を決定する意味でケインジアンタイプの需要型となっている。湧上（1989）の台

表3-2　台湾マクロ計量モデルの概要

	Chiu (1985)	湧上 (1989)	Ramstetter (1992)	三尾 (1995)	木下 (2002)
モデル構造	供給決定型	需要決定型	供給決定型	需要決定型	需要決定型
内生変数	41 (うち定義式14)	39 (うち定義式15)	59 (うち定義式20)	15 (うち定義式5)	51 (うち定義式11)
外生変数	29	9	28	21	22
サンプル期間	1966 (1/2)-1981 (2/2)	1966-1988	1974-1988	1965-1992	1975-2000
ファイナル・テスト	1969 (1/2)-1981 (2/2)	1983-1988	1976-1988	1982-1986	N/A
乗数分析・シミュレーション	台湾元の10％切り下げ，公共投資の10億元増加	OECDの経済成長や原油高などを条件とした短期経済予測，株価上昇（資産効果）と台湾元高の累積効果	外国企業の法人税負担の10％減免，文教・科学部門への政府支出の10％増額，名目利子率の1％引き下げ	台湾元安への誘導政策の効果	台湾元の10％切り下げ，対内直接投資の10％増加，日本および米国のGDPの1％増加
シミュレーション期間	1974 (1/2)-1981 (2/2)	1986-1989	1976-1988	1982-1986	1980-1998

（出所）　筆者作成。

湾モデルは短期の経済予測用に開発されたものの，OECDの経済成長や原油高，円の対ドルレートなどを条件として，株価上昇（資産効果）と台湾元高の累積効果をみたシミュレーション分析も行い，とりわけ元高がインフレ抑制の効果をもつことに注目している。

　Ramstetter（1992）は，Ramstetter（1986）で示された韓国モデルと同様に外国企業によるFDIが台湾経済に与える影響をモデル化しており，総付加価値額が部門別の生産関数によって決定され，在庫投資が需給調整項目となる供給型（年次ベース）となっている。シミュレーション分析では，外国企業が支払う税負担（付加価値額に対する法人所得税の比率）の10％減免のほか，文教・科学部門に対する政府支出の10％増額，名目利子率の1％引き下げなどが試行され，おおむね固定資本形成の増大を通じた生産や雇用の増加が得られている。ただし，価格への影響では賃金などの増減が混在する結果となっている。

　三尾（1995）は，1981～86年にかけて台湾元の対ドルレートが過小評価されていたとして，計測した均衡レートを導入したマクロ計量モデルを用いて，当該期間の為替政策が台湾経済に及ぼした効果を分析している。需要型として構築された三尾（1995）の台湾モデル（年次ベース）には為替レート関数が導入され，それを用いたシミュレーション分析の結果，元安への誘導政策は物価上昇を伴いながらも輸出を増加させることで，高い成長が

享受できたことを明らかにしている。

　木下（2002）の台湾モデル（年次ベース）は，1990年代までの良好なマクロ・パフォーマンスのメカニズムを計量的に分析するために需要型として構築されている。シミュレーション分析には，台湾元の10%減価，対内直接投資の10%増加，貿易ブロックにおける日本およびアメリカのGDPの1%増加という4つのケースが取り上げられ，どれも輸出および所得（GDP）の増大と消費や資本形成への波及を通じた乗数効果が確認されている。

　以上のように，1980～90年代にかけて開発された韓国・台湾モデルは，輸出志向工業化の経験や輸出主導型の経済成長を適切に説明できるように用いられてきたといえる。そのため，乗数分析や政策シミュレーションでは政府支出・公共投資の増大，対内直接投資の増加，為替レートの変動，インフレへの影響などに関する分析が数多く行われてきたことが特徴的である。

第3節　アジア通貨危機後の韓国モデルの変化

　1997年末に発生したアジア通貨危機は，アジアNIEsと呼ばれた国々や地域のなかでもとりわけ韓国に甚大な影響をもたらし，韓国はその後ドラスティックな構造改革を実施していくことを余儀なくされた。本節では，アジア通貨危機以降の経済構造の変化をふまえて再構築された，ふたつの代表的な韓国モデル（BOKとKDIによる作成）を紹介する。とりわけBOKによって刷新された韓国モデルについては，その前身となるBOK97・BOKAM97モデルとの比較も行いつつ，政策変更や外生ショックなどのシミュレーション事例をみることで，マクロ計量モデルの使われ方がどのように変化したかを検討する。

　そもそもBOKでは，通貨政策の効果分析や短期・長期の経済予測の必要性から，1970年代初めからマクロ計量モデルの開発や活用が継続的に行われてきた。しかし，アジア通貨危機の発生とその後に進められた構造調整などによって韓国経済の構造が大きく変わり，それにともない経済変数の

形態が急激に変化したことで，従前のマクロモデルを用いて経済予測や政策分析を行うことの限界が認識されるようになった。また，通貨危機後には物価安定目標制（インフレターゲット）の導入・実施，通貨政策における金利の役割の増大，大規模な国債発行による一時的な財政赤字など，金融・財政面での政策変更が行われたことも，既存のモデル体系を用いて経済状況・環境の変化を適切に説明することの難しさを露呈していった（ユ・イ 2001）。

　アジア通貨危機後の韓国モデルの再構築に先立って，BOKではちょうど1997年にBOK97モデル（四半期ベース）とBOKAM97モデル（年次ベース）が開発されていた（キム・チャン・イ 1997，キム・イ 1998）。このふたつのモデルはともに，所得・支出理論を重視したケインジアンタイプの需要型として，1980年代後半以降に進展した金融自由化や経済開放化などによる金融および実物経済の環境変化を最大限に反映して，直接・間接的な政策効果を分析するために開発されたモデルであった。ただし，サンプル期間はBOK97モデルでは1982年第1四半期～1995年第4四半期まで，BOKAM97モデルでは1970～96年までと，当然のことながら通貨危機の影響は反映されていない。

　BOK97・BOKAM97モデルの政策シミュレーションには，通貨供給量（M2およびMCT）の毎年5％増加，政府消費支出の毎年1兆ウォン減少（BOK97モデル），ウォンの対ドルレート減価（BOK97モデルでは毎年1％，BOKAM97モデルでは毎年10％）および円の対ドルレート減価（BOK97モデルで毎年5％），資本収支の毎年10億ドル改善，輸入単価の上昇（BOK97モデルでは毎年5％，BOKAM97モデルでは毎年10％），名目政府投資および名目政府経費の毎年10％縮減（BOKAM97モデル）などが試行されており，1990年代中盤までの拡張志向的な経済運営の特徴を表しているといえる。

　アジア通貨危機後にBOKによって再構築された韓国モデルには，前身となるBOK97・BOKAM97モデルと同様の基本構造を維持しながらも，経済構造の変化や統計編纂方式の変更，そして海外与件の変化が小規模な開放経済国家に及ぼす影響を明示的に反映させた需要型のBOK04モデル（四半期ベース）がある（ファンほか 2005）。BOK04モデルでは，通貨危機後に実

施された企業・金融・労働部門などにおける構造調整の影響と，成長および物価の決定要因の変化などをモデル設計に組み入れるため，次のような改善を行っている。まず，民間消費関数は家計貸出などの流動性制約を考慮に入れ，設備投資関数の説明要因には期待心理指標や不確実性指標を導入したり，労働市場を労働力人口の供給側面と就業者数および失業者数の需要側面に区分している。また，先述のようにインフレターゲットの導入によって金利が通貨政策の主要な手段となったことで，金利が実体経済に及ぼす経路を明示的に定式化したり，家計信用や不動産価格の変動が消費の動きを不安定にさせていることにかんがみて，金利などの金融変数と不動産・株式などの資産価格が実物経済に及ぼす影響を考慮している。さらに，通貨危機後には経済のグローバル化が急速に拡大したことを受けて，交易条件の変化による実質購買力の変化を反映できるように，国民総所得（GNI）指標を説明変数に活用したりもしている。供給ブロックの拡充においては，資本ストックや潜在GDPをモデル内で内生化することで，供給ショックによる影響の分析を可能にするなどの工夫もみられる。

　BOK04モデルのサンプル期間は1990年第1四半期～2004年第4四半期まで確保されており，モデルのファイナル・テストは2000年第1四半期～2003年第4四半期までで実施されている。BOK04モデルを利用したシミュレーションでは，コール金利の25bp引き下げ，政府支出（経常支出および資本支出）の1兆ウォン増加，ウォンの対ドルレート1％上昇，円の対ドルレート1％上昇，国際原油価格および国際原資財価格の1％上昇，世界貿易量の1％減少などが行われ，それぞれがGDPや消費者物価上昇率，経常収支に及ぼす効果が分析されている。このように通貨危機後のモデル運用では，通貨供給ではなく金利変更による通貨政策の効果，為替レートや資源価格の変動，対外交易条件の変化といったショック・シミュレーションを明示的に行うようになったことが特徴的である。

　アジア通貨危機後に再構築された代表的な韓国モデルには，KDIのシン（2005）によるマクロ計量モデルも存在する。シン（2005）のモデルも，通貨危機後の潜在成長率の低下や対外開放度の拡大，通貨政策方式の変化といった要素をモデル設計に反映させて[6]，経済予測・展望よりも外生的要因

の経済波及効果の分析に焦点を当てた四半期ベースのモデルとなっている。シン（2005）モデルの特徴は，長期的には実質変数が新古典派経済成長理論のように供給側面（生産関数）で決定されるものの，短期的にはケインズ型モデルのように需要側面でのショックが実質変数に影響を及ぼす構造になっていることにある。つまり，需要側でのショックが発生する場合には物価や為替レートなどによる調整を通じて，実物変数は長期的には均衡水準に収斂していく。

　モデルのサンプル期間は1987年第1四半期〜2004年第4四半期まで確保されており，ファイナル・テストは2000年第1四半期〜2004年第4四半期までで行われている。モデルを利用したシミュレーションでは，国際原油価格の10％上昇，海外GDPの1％増加，政府財政支出の1兆ウォン増加，コール金利の25bp引き上げなどに加えて，供給ショックとして全要素生産性の0.5％上昇が試行され，それぞれがGDPや経常収支，消費者物価に及ぼす波及効果が分析されている。ここでのモデル運用でも，対外与件の変化や財政・金融政策の効果といったショック・シミュレーションが中心に行われている。

表3-3　アジア通貨危機前後の韓国マクロ計量モデルの概要

	キムほか(1997)	キム・イ(1998)	ファンほか(2005)	シン(2005)
モデル構造	需要決定型	需要決定型	需要決定型	需要決定型
内生変数	105(うち定義式36)	65(うち定義式23)	81(うち定義式33)	53(うち定義式14)
外生変数	104	25	31	11
サンプル期間	1982(1/4)-1995(4/4)	1970-1996	1990(1/4)-2004(4/4)	1987(1/4)-2004(4/4)
ファイナル・テスト	1990(1/4)-1995(4/4)	1990-1996	2000(1/4)-2003(4/4)	2000(1/4)-2004(4/4)
乗数分析・シミュレーション	通貨供給量の毎年5％増加，政府消費支出の毎年1兆ウォン減少，ウォンの対ドルレート毎年1％切り下げ，円の対ドルレート毎年5％切り下げ，資本収支の毎年10億ドル改善，輸入単価の毎年5％上昇	通貨供給量の毎年5％増加，ウォンの対ドルレート毎年10％切り下げ，輸入単価の毎年10％上昇，資本収支の毎年10億ドル改善，名目政府投資・名目政府経費の毎年10％縮減	コール金利の25bp引き下げ，政府支出の1兆ウォン増加，ウォンの対ドルレート1％上昇，円の対ドルレート1％上昇，国際原油価格および国際原資材価格の1％上昇，世界貿易量の1％減少	国際原油価格の10％上昇，海外GDPの1％増加，政府財政支出の1兆ウォン増加，コール金利の25bp引き上げ，全要素生産性の0.5％上昇
シミュレーション期間	1990(1/4)-1995(4/4)	1992-1996	2001(1/4)-2003(4/4)	2000(1/4)-2003(4/4)

（出所）　筆者作成。

上記で示したアジア通貨危機と前後して開発された韓国マクロ計量モデルの概要，および乗数分析やシミュレーションによる利用方法について，表3-3にまとめている。

おわりに

　本章では，1980年代以降の開発途上国・地域を対象としたマクロ計量モデル開発の流れのなかで，とりわけ韓国と台湾を中心としたモデルの開発事情や利用方法などについて考察を行った。途上国モデルが開発される過程では，生産関数によって供給サイドから生産規模や所得（GDP）が決定される供給型のモデルが試みられることが1980年代頃までは一般的であった。しかし，1990年代以降の途上国モデルの開発では，輸出志向工業化における需要制約を想定して，所得（GDP）が需要項目の積み上げによって決まる需要型が輸出主導型の経済成長を説明するのに適しているとして，広く採用されるに至った。

　1980～90年代にかけて開発された韓国モデルや台湾モデルは，輸出志向工業化の経験や輸出主導型の経済成長を適切に説明できるように用いられてきた。乗数分析や政策シミュレーションでは，政府支出・公共投資の増大，対内直接投資の増加，為替レートの変動，インフレへの影響などに関する分析が数多く行われており，拡張志向的な経済運営の特徴を色濃く反映していた。しかし，1997年末に発生したアジア通貨危機後には，とりわけ韓国モデルは経済構造の変化や政策変更および外生ショックなどを適切に説明できるように再構築を余儀なくされた。通貨危機後のモデル運用では，通貨・財政政策の効果，為替レートや資源価格の変動といった対外与件の変化など，ショック・シミュレーションが明示的に行われるようになったことが特徴的であるといえる。

　本章では，輸出志向工業化を経験してきた韓国と台湾のマクロ計量モデルを中心に，各モデル構造の特徴や利用方法などを整理したが，かつてのアジア NIEs のなかにはシンガポールや香港のように，金融などのサービス

業中心の産業構造を有する国・地域も存在する。これらの国・地域の経済構造がマクロ計量モデルの開発や利用方法にどのように反映されてきたのか，また輸出主導型の国々のモデルとはどのように異なるのかについての考察は，今後の課題としたい。

〔注〕

(1)　$Y<Y^D$ が成立する。ここで，Y：GDP，Y^D：総需要である。

(2)　$Y^D=C+G+I+J+X-M$（C：民間消費，G：政府支出，I：投資，J：在庫投資，X：輸出，M：輸入）と定義すると，生産レベルが先決されて，生産と支出の残差が輸出されるという構造のモデルでは，$X=Y-(C+G+I+J-M)$となる。

(3)　$I=Y-(C+G+J+X-M)$となる。

(4)　$J=Y-(C+G+I+X-M)$となる。

(5)　ただし，輸出は競争的な世界市場への参入であり，生産効率を上昇させるとすれば，輸出はシフト・パラメータとして生産関数等に導入され得る（樋田 1995）。

(6)　たとえば，実質実効為替レートを実物変数として導入したり，コール金利を通貨政策の手段として設定したりしている。

〔参考文献〕

＜日本語文献＞

荒木英一 1990.「都市計量モデルのもうひとつのプロトタイプ—大阪市パイロットモデルの例示」『經濟學雜誌』90(5/6)　合併号　104-128.

奥田聡 1996.「PAIR・韓国マクロ計量経済モデル——金融自由化と投資関数定式化を中心として——」樋田満・平塚大祐編『アジア工業圏の経済分析と予測』（Ⅴ）アジア経済研究所　101-141.

長田博 1987a.「国際経済依存関係の変化から見た韓国経済構造変化の予備的考察」アジア経済研究所統計部編『ASEAN・東アジア NICs の経済予測——昭和61年度 ELSA 報告書——』アジア経済研究所　39-59.

———1987b.「韓国・インドネシアモデルの維持更新」アジア経済研究所統計部編『ASEAN・東アジア NICs の経済予測——昭和61年度 ELSA 報告書——』アジア経済研究所　101-113.

———1989.「韓国・インドネシアモデルによる国際経済環境変化の分析」樋田満・吉野久生編『ASEAN・アジア NIES の経済予測と分析（Ⅰ）——昭和63年度 ELSA 報告書——』アジア経済研究所　43-61.

———1990.「賃金上昇と為替変動の韓国経済へのマクロ的影響」樋田満編『ASEAN・アジア NIES の経済予測と分析（Ⅱ）——平成元年度 ELSA 報告書——』アジア経済研究所　75-93.

木下宗七 2002. 「台湾経済のマクロ・パフォーマンスに関する計量分析」木下宗七編『東ア
　　ジア経済の成長パターンと相互依存に関する計量経済分析』(ICSEAD Working
　　Paper Series Vol. 2002-14) 国際東アジア研究センター　48-73.
小菅伸彦 1991. 「インドネシア経済の計量モデル」『アジア経済』32(2)　2月　54-78.
樋田満 1995. 「アジアのマクロ計量経済モデル——1980年代後半以降の発展と課題——」
　　『アジア経済』36(8)　8月　194-211.
三尾寿幸 1995. 「台湾の為替レート政策の評価 (1982-86年)——マクロ計量経済モデル
　　による分析——」樋田満・平塚大祐編『アジア工業圏の経済分析と予測』(Ⅳ) ア
　　ジア経済研究所　231-269.
山田光男 2002. 「韓国経済のマクロ計量モデル分析」木下宗七編『東アジア経済の成長
　　パターンと相互依存に関する計量経済分析』(ICSEAD Working Paper Series Vol.
　　2002-14) 国際東アジア研究センター　24-47.
湧上敦夫 1989. 「台湾モデルの概要とシミュレーション分析」　樋田満・吉野久生編
　　『ASEAN・アジア NIES の経済予測と分析(Ⅰ)——昭和63年度 ELSA 報告書——』
　　アジア経済研究所　63-93.

＜英語文献＞

Cheong, Munkun and Kim, Yangwoo 1985. "Korea Model." In *Econometric Models of Asian
　　Link*, edited by Shinichi Ichimura and Mitsuo Ezaki. Tokyo; Springer-Verlag, 51-66.
Chiu, Yi-Chung 1985. "Taiwan Model," In *Econometric Models of Asian Link*, edited by
　　Shinichi Ichimura and Mitsuo Ezaki. Tokyo; Springer-Verlag, 35-49.
Fukuchi, Takao, Imagama, Takashi, Oguchi, Noriyoshi, Ohno, Koichi, Takenaka, Osamu
　　and Tokunaga, Suminori 1989. "Macroeconomic Evaluation of Japanese Economic
　　Cooperation with Asian Countries." *Asian Economic Journal* 3(1) March: 1-27.
Oguchi, Noriyoshi 1994. "The Growth of the Korean Economy and the Foreign Capital."
　　In *Econometric Models of Asian-Pacific Countries*, edited by Shinichi Ichimura and
　　Yasumi Matsumoto. Tokyo; Springer-Verlag, 463-500.
Osada, Hiroshi 1985. "A Macroeconometric Model of Korea, 1972-1981," In *Econometric
　　Link System for ASEAN, ELSA: Final Report, Volume II*," edited by Statistics
　　Department, Institute of Developing Economies. Tokyo; Institute of Developing
　　Economies, 95-115.
Ramstetter, Eric D. 1986. "The Effects of Direct Foreign Investment on Korean Output,
　　Investment, and Trade: A Macroeconometric Approach." In アジア経済研究所統計
　　部編『ASEAN・東アジアの経済構造分析と予測——ELSA Annual Report, 1986——』
　　アジア経済研究所　107-162.
—— 1992. "The Macroeconomic Effects of Inward Direct Investment in Taiwan: A
　　Multifirm Econometric Analysis." In 樋田満・平塚大祐編『アジア工業圏の経済分
　　析と予測』(Ⅰ) アジア経済研究所　53-154.
Sakai, Hideyoshi 1985. "Econometric Model of Taiwan." In *Econometric Link System for
　　ASEAN, ELSA: Final Report*," Volume II., edited by Statistics Department, Institute

of Developing Economies. Tokyo; Institute of Developing Economies, 117–144.

Valadkhani, Abbas 2004. "History of Macroeconometric Modelling: Lessons from Past Experience," *Journal of Policy Modeling* 26(2): 265–281.

Yokoyama, Hisashi 1985. "Models for ASEAN Countries—A Common Approach," In *Econometric Link System for ASEAN, ELSA Final Report, Volume II*," edited by Statistics Department, Institute of Developing Economies. Tokyo; Institute of Developing Economies, 3–68.

Yoo, Yoonha 1994. "A Quarterly Econometric Model of the Korean Economy," In: *Econometric Models of Asian-Pacific Countries*, edited by Shinichi Ichimura and Yasumi Matsumoto. Tokyo: Springer-Verlag, 77–113.

＜韓国語文献＞

김양우・장동구・이긍희 [キム ヤンウ・チャン ドング・イ グンヒ] 1997.「우리나라의 巨視計量經濟模型 -BOK97」[我が国のマクロ計量経済モデル],『경제분석』[経済分析] 3(2) 1–71.

김양우・이긍희 [キム ヤンウ・イ グンヒ] 1998.「새로운 年間巨視計量經濟模型 -BOKAM97」[新たな年間マクロ計量経済モデル],『경제분석』[経済分析] 4(1) 31–79.

신석하 [シン ソッカ] 2005.『거시계량모형을 이용한 외생적 요인의 경제파급효과 분석』[マクロ計量モデルを利用した外生的要因の経済波及効果分析] 정책연구시리즈 2005-14. [政策研究シリーズ] 한국개발연구원 [韓国開発研究院]。

유진방・이긍희 [ユ ジンバン・イ グンヒ] 2001.「한국은행 거시계량경제모형의 현황과 발전방향」[韓国銀行マクロ計量経済モデルの現況と発展方向],『경제분석』[経済分析] 7(2) 91–120.

황상필・문소상・윤석현・최영일 [ファン サンピル・ムン ソサン・ユン ソッキョン・チェ ヨンイル] 2005.「한국은행 분기 거시계량경제모형의 재구축」[韓国銀行分期マクロ計量経済モデルの再構築],『조사통계월보』[調査統計月報] 2005(5) 23–91.

第4章

後発 ASEAN 諸国を対象とした
マクロ計量モデルの構築と利用事情

ケオラ・スックニラン

はじめに

　本章では，1990年代半ば以降に ASEAN に加盟した後発 ASEAN（カンボジアは1999年，ラオスとミャンマーは1997年，ベトナムは1995年に加盟：CLMV）諸国のなかで，とりわけカンボジア，ラオス，ベトナムを対象としたマクロ計量モデルの開発事情やその利用について，先行文献や公開された報告書を中心に考察する。本章の構成は，以下のとおりである。第1節では，外国とのリンクモデルの構築が容易になるとの点をふまえ，マクロ計量モデルの構築に必要な統計データの整備状況について国際機関が作成したものを中心に明らかにする。第2節では，これまでに，カンボジア，ラオスとベトナムを対象としたマクロ計量モデルが，どのようなシミュレーションに利用されてきたのかを考察する。第3節では，経済開発計画と政府機関におけるマクロ計量モデルの利用事例として，ラオスのケースを取り上げる。最後に，後発 ASEAN 諸国におけるマクロ計量モデルの構築と利用を展望する。

第1節　CLMV におけるマクロ計量モデル構築に必要な統計データの整備状況

1967年に設立された ASEAN において，後発 ASEAN の国々は，1990年代以降という設立から30年前後を経た比較的遅い時期に加盟しただけではなく，これらの国では戦乱の影響が大きかったことに加え，市場経済への移行や経済開発が始まった時期も遅かった。カンボジアで1970年のロン・ノルのクーデタに始まる内戦が終結し，パリ和平協定が締結されたのが1991年である。その後1993年に国連カンボジア暫定統治機構（United Nations Transitional Authority in Cambodia: UNTAC）が実施した総選挙によって，経済開発の前提となる平時体制に移行した（天川 2001）。ラオス人民民主共和国は1975年に成立したが，戦後の混乱が収拾し，経済開発が本格的に始まったのは計画経済から市場経済への移行が始まった1990年代に入ってからである（ケオラ 2011）[1]。ミャンマーの歴史は，1962年から1988年までのビルマ式社会主義の時代と1988年から2011年の総選挙までの軍事政権時代とに分けられるが，2015年に実施された総選挙で民主的に選出された政権による経済開発は実質的には端緒についた段階であるにすぎない（長田・中西・工藤 2016）。1975年に南北統一されたベトナムも，国有企業改革，価格統制の廃止などによって，経済が安定化し経済開発が始動したのは1990年代である（竹内・村野 1996）[2]。

　マクロ計量モデルに必要なデータはおもに経済活動にかかわるものであり，内戦や政情不安の中では整備が進むとは考え難い。また推計のために時系列データが必要なため，CLMV を対象としたマクロ計量モデルの構築が実質的に可能になるのは，1990年代末以降になる。マクロ計量モデル構築に必要な統計データは，各国政府の統計局が整備したものと，それに基づいてアジア開発銀行（ADB），世界銀行など国際機関が国際比較を可能にするための調整を行い，整備したものがある。本節では，これらの国の経済における海外直接投資（FDI）や国際貿易の比重が比較的大きいことを考慮し，マクロ計量モデルの構築可能な時期を特定するために，外国とリンクしたマクロ計量モデルが構築しやすい後者に注目する。世界銀行の World

Development Indicators（WDI）における CLMV 諸国の GDP 統計の整備状況は，次のとおりである。ドル建ての名目 GDP の場合，カンボジアでは1960年から1974年まで統計が存在したが，独立と内戦の激化によって，1975年から1992年までは GDP の時系列データが途切れている。ラオスとベトナムは，同データがそれぞれ1984年と1985年から存在する。1986年に両国で国会運営の実質的な方針が決定される党大会で市場経済化が承認されたが，これらはその直前の時期である。ミャンマーについては，世界銀行の GDP 統計が2000年から確認できる。ADB の Key Indicators では1981年からとより長い期間のデータが存在するが，市場為替レートとかけ離れた公定為替レートによって表示されていることから国際比較が困難な統計となっている[3]。要約すれば CLMV 諸国における GDP 統計の整備状況は，ラオスとベトナムが1980年代半ば，カンボジアが1990年代初め，そして，ミャンマーでは2000年からになる。

　1960年以降の ASEAN 諸国において FDI の受け入れが経済成長に重要な役割を果たしたことを考慮すれば，CLMV 諸国を対象としたマクロ計量モデルの構築に GDP と並んで重要な統計は FDI の統計といえよう。これらの国では FDI の受け入れが，経済発展の出発点といっても過言ではないからである。WDI におけるカンボジアに対する FDI の統計は，和平が合意された翌年である1992年から始まっている。ラオスは1986年に党大会で市場経済化への経済政策の方針転換が承認された後，試験的な受け入れを実施するため1988年に制定された FDI に関する政令と同じ年からデータが存在する。ミャンマーについてはより古い1971年から FDI のデータが存在する。しかし，1989年まではマイナスの数値を含めた大きな変動に加え，FDI の統計が断続的な状態になっている。ベトナムについては FDI の統計が1970年まで途切れることなくさかのぼれるが，1986年までは上下に大きく変動し，計量モデル構築に利用しにくい時系列データである。このように，最低10年の時系列統計を確保しながら，FDI を主要な原動力とした近年の CLMV の経済発展を対象としたマクロ計量モデルが構築可能になったのは1990年代半ばからといえるであろう。

第2節　後発 ASEAN 諸国を対象としたマクロ計量モデルの構築

　本節では，カンボジア，ラオス，ベトナムを対象に開発されたマクロ計量モデルを中心に，各モデル構造の特徴やおもなシミュレーション結果を整理する。もちろん，本節で取り上げたモデルでこれらの国を対象に構築されたマクロ計量モデルを網羅することはできない。初期のモデル開発は，大学や研究機関で試験的に開発されたものや，成果が非公開，または積極的に公開されないものもあるからである。本節で取り上げるモデルは，国際機関，政府機関，または日本など第3国の大学や研究機関で開発したものが中心となる。

1．カンボジア

　上述のようにカンボジアで現在まで途切れることなく続く GDP 統計は1993年からである。したがって，最低限の時系列データの蓄積を考えると，マクロ計量モデルが構築可能な時期は2000年前後になる。実際本章で確認できた最も古いカンボジアを対象としたマクロ計量モデルは，Lord が2001年に ADB に提出した報告書の中で構築したマクロ計量モデルである。同モデルは，「Macroeconomic Policies for Poverty Reduction in Cambodia」というタイトルのとおり，貧国削減の政策効果を分析することをおもな目的としていた。経済成長を分析するマクロ計量モデル部分と貧困削減を検証するための社会会計行列（Social Accounting Matrix: SAM）部分からなるが，本節の関心は前者である。マクロ計量モデル部分は，国際通貨基金（IMF）の Financial Programming Model に基づいている（Lord 2001）。このモデルの特徴は，後発発展途上国であるカンボジアの初期的なモデルであるにもかかわらず，需要決定型のマクロ計量モデルとなっていることである。このモデルでは，GDP は農業，工業，サービス業の3部門から構成されるが，3部門ともおもに国内外の需要で決定される構造となっている。たとえば，農業は農業の輸出と国内消費で決定される。工業は製造業の輸出，外資系

企業の活動と為替レートで決定される。サービス業は，全体の GDP から農業，工業と純間接税の差額で決定される。モデルの推計に使われたデータの出所は，世界銀行，IMF，カンボジアの統計局や政府機関などである。指標によって異なるが，データ期間は1993年から2000年ごろまでである。財政政策の効果分析では，価格，為替レート，GDP，消費，投資，輸出入への影響が検討されている。主要なシミュレーション結果では，財政支出を一回限りで10％増やした場合，当該年では GDP を0.3％押し上げるが，5 年目，20年目の GDP への影響はそれぞれ−2.3％と−5.6％のマイナス効果である。一方，為替レートを一回限りで10％切り下げる場合，GDP の押し上げ効果は，当該年が3.6％，5 年目では2.6％となっている。外国との貿易，とりわけ労働集約型の縫製品の輸出が重要なカンボジアでは，財政政策よりも輸出の価格競争力に直結する為替政策が効果的という結果になっている。

　つぎに確認できたカンボジアを対象としたマクロ計量モデルは，カンボジア国政府の要請に基づき，国際協力機構（Japan International Cooperation Agency: JICA）が2005年12月から2007年 2 月まで実施したカンボジア国経済政策支援事業の一環で作成されたものである。同モデルは，生産が労働力，資本と技術水準によって決まる供給決定型のマクロ計量モデルである。合計 9 本の方程式からなる中規模のマクロ計量モデルである。報告書ではこのモデルを使って，いくつか外生的な仮定をおいた上で，2005年から2020年までの国内総生産，1 人当たり GDP などの予測が行われた。この予測では，現地通貨のリエル建てで GDP が2015年までの10年で約2.2倍成長する。つまり年平均 7 ％強の成長率を予測している。実際，カンボジアの成長率は，2005年から2007年までは10％台，そして，2008年から2010年，とくに2009年はほぼ 0 ％成長だったが，2005年から2015年までは平均成長率は約 7 ％となっている（WDI）。また予測では，1 人当たり GDP は1.8倍増にとどまり，2020年までに GDP が2005年比で 3 倍増になる。

　次は2009年に，植村（2009）がアジア経済研究所の報告書の中で構築したカンボジアを対象としたマクロ計量モデルである。植村（2009）では供給決定型と需要決定型のふたつの異なるモデルが構築されているため，本節で

はそれぞれを別々に取り上げる。カンボジアの経済統計は，1993年から始まっているものが多いため，2009年の時点ではマクロ計量モデルを構築するためのデータの多くが時系列で10年以上，入手可能な状態になっている。

　発展途上国を対象としたマクロ計量モデルの構築が供給型から需要型に移行していくという一般的な過程をふまえ，供給型からみていくこととする。植村（2009）の供給型マクロ計量モデルは，構造方程式12本と定義式8本からなっている。GDPは第1，第2，第3次産業と間接税＋補助金などを調整した合計である。第1次産業はさらに，農業，漁業とその他に分かれる。第2次産業は製造業，建設業とその他からなる。農業生産は，1人当たりいくつかの主要農産品で推計をしているが，7割がコメ生産で説明できる係数となっている。一方，コメ生産は耕地面積で推計している。第2次産業は，製造業，建設業とその他産業の合計となっている。製造業は，総投資と輸出で説明している。建設業は製造業と建設業の1年ラグで説明している。第3次産業は第1次産業と第2次産業で説明している。供給型モデルのシミュレーションはモデルの動学的な安定性を検証するのみで，特定のシナリオは検証されていない。GDPは観測値と推計値の差が約±6％以内に収まっている。産業別では第1次産業の推計も同様の精度であったが，第2次産業の観測値と推計値の差が約2倍と比較的大きい。

　続いて，植村（2009）のカンボジアの需要型マクロ計量モデルは10本の構造方程式と6本の定義式から構成されている。国内総支出は通常通り，民間消費，政府消費，純輸出などの合計で定式化している。民間消費はGDPと物価で説明している。民間投資はGDP，前年の資本ストックと日本の援助を説明変数としている。輸出はアメリカのGDPとカンボジアの総投資で説明している。これらは投資における日本のODA，そして，輸出におけるアメリカの大きな割合をモデルで表現していると考えられる。日本のODAとアメリカのGDPは，構築した需要型モデルのシミュレーションの主要な外生条件でもあった。具体的には，日本のODAとアメリカのGDPがカンボジア経済に与える影響を検討している。前者は，約1億4000万ドルの追加ODAを一度に供与する場合と，その7分の1相当額を7年かけて付与する場合のふたつのケースを検討している。後者の方が初年度を除き，年別

の GDP への効果が 5 〜 8 倍高い結果となっている。一方，アメリカの GDP の上昇はカンボジアの輸出への影響を通じて，カンボジア経済に影響を及ぼす。シミュレーション結果では，アメリカの GDP が 1 ％上昇する場合，カンボジアの GDP は1.4％上昇する。植村（2009）は後発発展途上国であるカンボジアでも供給型，需要型マクロ計量モデルの双方が構築可能であることを示した。

　最後に Rungcharoenkitkul（2012）が IMF の報告書として公表した「Modeling with Limited Data: Estimating Potential Growth in Cambodia」を検討する。2012年時点で構築されたカンボジアを対象とするマクロ計量モデルとしては小さく，かつ簡易的なものとなっている。しかし，小規模モデルによって特別に限定した事象を分析するという流れが存在することをふまえ，本節で紹介することとした。同モデルは，7 つの時系列データ（実質 GDP と需給ギャップ，価格指数，労働力，資本形成，穀物の生産性，電力）しか利用しない小規模のマクロ計量モデルに分類できるモデルである。Rungcharoenkitkul（2012）の構築したモデルでは，生産性や投資が現状よりも低い場合のシミュレーションが行われている。その目的は，生産性と投資が今後の継続的な成長のためにも重要であることを示すことだとしている。シミュレーション結果は次のとおりである。生産性の伸びがベースラインの半分の場合，成長率が1.5％低下する。投資比率の伸びがベースラインの半分の場合，成長率が 2 ％低下するが，長期的には生産性の向上によってもち直すことができるとしている。

　本節でのこれまでの考察では，カンボジアを対象としたマクロ計量モデルの構築は，2000年代に入ってから ADB，IMF のような国際機関，または先進国の研究機関であるアジア経済研究所で行われてきたことがひとつの特徴である。また2016年現在において，カンボジアを対象としたマクロ計量モデルの構築が十分に可能であることがわかった。しかしながら，カンボジア政府が政策立案にマクロ計量モデルを主体的に開発，維持しながら利用している事実は確認できない。実際，アジア太平洋経済社会委員会（UNESCAP）が2015年12月に開催した「Workshop on Macroeconomic Modelling in Asia and the Pacific」では，ラオスなど他国の参加者の多くが

政府や関連機関などが開発，または維持していると思われるモデルを紹介しているのに対し，カンボジアは簡単な生産関数や限界資本係数（Incremental Capital-Output Ratio: ICOR）の推計の紹介のみであった[4]。

2．ラオス

　カンボジアを対象としたマクロ計量モデルが国際機関を中心に構築されてきたのに対し，ラオスはおもに大学や研究機関で行われてきたことが特徴である。ラオスを対象としたマクロ計量モデルが最初に構築されたのは，主として日本の大学機関に留学したラオス人留学生によるものである。筆者が知るかぎり，ケオラ（Souknilanh Keola）が1999年に名古屋大学博士前期課程の卒業論文として，構築したのがラオス経済の最初のマクロ計量モデルである。これは，構造方程式 6 本，定義式 2 本の合計わずか 8 本の小さなマクロ計量モデルである（ケオラ 1999）。農業と非農業部門の 2 部門の賃金の差から，農業の労働力が非農業部門に移動すれば，より高い経済の成長率を達成できるというメカニズムを表現するモデルであった。係数の推定に使ったデータの期間は，1985年から1995年である。つぎに開発されたラオス経済のマクロ計量モデルは，大学や研究機関ではないが，Aotsu（2000）が構築したものがある（Insisienmay 2013）。Aotsu（2000）は，ラオスで開催されるセミナー向けに，7 本の構造方程式と 1 本の定義式からなる需要型モデルを構築した。このモデルの推計に利用したデータの期間は，1982～1997年である。しかしながら，ケオラ（1999）や Aotsu（2000）のモデルは規模が小さく，汎用性が乏しかった。

　ラオス経済の初めての本格的なマクロ計量モデルは，キオフィラフォン（Phouphet Kyophilavong）が神戸大学の博士課程の論文の一環として，2003年に構築したものである（Kyophilavong 2004）。これは，15本の方程式と17本の定義式からなる需要と供給を考慮したマクロ計量モデルである。推計に利用したデータの期間は，1989～2000年である。キオフィラフォンは，その後このマクロ計量モデルに変更を加えながら，さまざまな目的の政策分析に利用した。ここではまず，ラオス経済への ASEAN 自由貿易地域（AFTA）

の影響を分析した Kyophilavong（2004）をみてみたい。モデルの構造は基本
的に2003年の博士論文と同一であり，異なるのはシミュレーションにおけ
るシナリオだけである。モデルに関税率が導入されていないため，直接 AFTA
の影響を検証することができないが，著者は輸入価格を毎年 5 ％引き下げ
ることで，間接的にそれを検証した。シミュレーションの結果，タイから
の輸入への効果は 1 ％増未満と低いが，タイ以外からの輸入への影響は平
均7.71％増と高い。GDP に対する効果はわずか0.44％増しかなく，AFTA
参加のラオス経済への影響は小さいという結果になっている。2005年には
同モデルを使って財政・金融政策と ODA 効果の分析をしている（キオフィ
ラフォン・豊田 2005）。シミュレーションの結果，100億キープ（2000年で約
126万ドル）の政府投資と政府消費は GDP を 2 ～ 3 ％押し上げ，100億キー
プの貨幣供給量の増加は GDP を 3 ～ 4 ％押し下げるとしている。続いて2009
年には，このモデルを使って，鉱物資源を中心にラオス経済に対する FDI
の効果を分析している（Kyophilavong and Toyoda 2009）。50％の FDI の増加
は，GDP を平均 2 ％押し上げるというのがおもなシミュレーション結果で
ある。

　このように Kyophilavong が構築したものはそれまで構築されたラオス経
済のマクロ計量モデルの中では，構造方程式の数など規模がそれまででもっ
とも大きく，そして，汎用性もあるため，経済政策のさまざまな分析に活
用できた。次の大規模かつ汎用的なラオス経済のマクロ計量モデルも，日
本の大学や研究機関で構築されたものであり，2008年に Insisienmay が京都
大学の博士論文として，提出したモデルである（Insisienmay 2008）。このモ
デルは需要供給型モデルであるが，供給はさらに短期と長期に分けられて
いる。このモデルは23本の方程式と43本の定義式から構成され，
Kyophilavong（2004）よりも若干規模が大きい。推計に利用したデータの期
間は，1989年から2006年である。また，内生的に決定される変数が多数含ま
れていることが特徴のひとつとなっている。博士論文で Insisienmay はラオ
スの公式開発目標を含め，いくつかのシミュレーションを行った。おもな
結果は，2001年から2005年の期間において，毎年 1 億キープの政府消費の追
加支出は，毎年 GDP を2000～3600万キープ押し上げる。同時に輸入は7500

～8400万キープ増加する。これに対し，同様の政府投資の増加は，GDP を4000万～1億6800万キープ押し上げる。また1億キープの FDI の増加は，GDP を約4800万～1億7900万キープ押し上げるとしている。

　Insisienmay は，帰国後，笹川平和財団の資金とアジア経済研究所の技術支援を受けながら，所属組織である国家経済研究所（National Economic Research Institute: NERI）で，博士論文として構築したモデルをベースに2013年に新しいモデルを完成させた。Insisienmay は，マクロモデル構築をめざした NERI により日本の大学の博士課程に派遣留学した経緯もある。そのため，帰国後 NERI ではマクロ計量モデルチームが編成され，政策立案に利用するモデルの構築が始まった。NERI は，ラオスの5カ年計画の草案を長年担当した計画投資省傘下の研究機関であり，構築されたマクロ計量モデルはラオスにおいて，政策立案に活用された実際のケースとなった。具体的には，2016年2月に開催された党大会で承認された5カ年計画（2016～2020年）の成長率や必要な生産投入に関する情報の提供，数量的な政策の決定に実際利用されている。

3．ベトナム

　マクロ計量モデルの構築の多くが国際機関に委ねられたカンボジアに対し，ラオスでは構築の中心が留学生であることもあり，その数も限定されていた。一方，統計データの整備状況，経済政策の研究・立案に携わる研究者や官僚の数，留学生の規模でカンボジアやラオスを大きく上回るベトナムのモデルを構築した専門家はより多様で，その数も多い。網羅的に論じるのは困難であるため，ここではその中のいくつかの紹介にとどめる。まず紹介したいのは，2001年に ADB の関連事業でカンボジアを対象としたモデルも構築した Lord（1998）の研究である。同氏はその約3年前に同じく ADB の関連事業として，ベトナム国家銀行の職員・研究者とベトナムを対象としたマクロ計量モデルを構築した。方程式の推計期間は基本的に1988年から1997年の10年間である。国際収支ブロック，財政ブロック，金融ブロック，付加価値ブロックの4つの大きなブロックで構成されたモデルで

ある。輸出は，日本，シンガポール，タイ，オーストラリア，中国，EU，アメリカ，カナダとその他世界合計からなっている。FDI については，日本，シンガポール，香港，韓国，マレーシア，タイ，フランス，アメリカとその他に分けられている。おもなシミュレーション結果は次のとおりである。1997年に発生した通貨危機の影響からアジアとその他世界が1999年または2000年から早期回復するシナリオでは，2000～2001年のベトナムの GDP 成長率はベースラインよりも 2 ％から 3 ％高くなる。貿易相手国・FDI 元国の GDP（合計）が 1 ％上昇する場合，GDP の押し上げ効果は1.6％である。

　ベトナム人留学生が構築したベトナムを対象としたマクロ計量モデルは，たとえば Minh（2008）の需要決定型マクロ計量モデルがある。Minh はこのモデルを使い，いくつかのシミュレーションを行った。おもな結果は，5 ％の世界需要の増加は GDP を5.1％押し上げる。5 ％の輸入価格の上昇は GDP を1.2％押し下げる。一方 5 ％の輸出価格の上昇は GDP を1.7％押し上げる。また 5 ％の政府投資の増加は GDP を0.3％押し下げ，5 ％の金利の低下は GDP を0.03％押し上げる。5 ％の通貨の切り下げは，GDP を0.5％押し上げるという結果となっている。

　最後に紹介するモデルは，2015年に国際機関である IMF で構築されたベトナムのマクロ計量モデルである（Dizioli and Schmittmann 2015）。これは，IMF の Berg et. al.（2006）が考案した，金融政策を評価できるシンプルなマクロ計量モデルを，ベトナムに適用したケースである。シンプルという言葉の意味するところは需給ギャップ，インフレ，利子率，為替など数本の方程式で構成されている点である。ここではこのシンプルなモデルによる政策評価の流れのひとつとして取り上げたい。同モデルは，財政政策，内外の需要ショック，アメリカの緊縮的財政政策，食料品価格ショックなどの需給ギャップ，インフレ，利子率，為替レートへの影響をシミュレートすることができる。シミュレーションの結果，ベトナムのインフレ問題は慢性的であるため，当局は常に緊縮的な金融政策を維持する必要があり，需給の調整やより柔軟な為替レート政策がインフレの安定化につながると結論付けている。

表4-1　カンボジア・ラオス・ベトナムにおけるマクロ計量モデルのシミュレーション事例

	モデルの出所・構造	乗数分析・シミュレーション
カンボジア	Lord（2001）	財政支出10％増（一回限り）の効果は、当該年でGDPを0.3％押し上げた後、5年目、20年目ではマイナス効果である。実質為替レートが1割切り下がる（一回限り）場合、GDPへの効果は、当該年が3.6％増、5年目で2.6％増である。
	JICA（2007）	FDIを主な原動力に、2005年から2015年までGDPが2倍強、2020年までに約3倍拡大する。
	植村（2009）	2000年から2006年の期間で1億4000万ドルの追加ODAを一度に供与するか、7分の1ずつを7年で支援する場合、後者の方が初年度を除き、年別のGDPへの効果が5〜8倍高い。
	植村（2009）	米国のGDPが1％上昇する場合、カンボジアのGDPは1.4％のプラスの影響を受ける。
	Rungcharoenkitkul（2012）	生産性の伸びがベースラインの半分の場合、成長率が1.5％低下する。投資比率の伸びがベースラインの半分の場合、成長率が2％低下するが、長期的には生産性の向上によって持ち直す。
ラオス	ケオラ（1999）	農業部門から工業部門への労働力の移動がより高いGDPをもたらす。
	Kyophilavong（2004）	輸入価格が5％低下した場合、タイからの輸入の増加は1％未満。タイ以外の国からの輸入は平均7.71％増加する。GDPの押し上げ効果は0.44％。
	キオフィラフォン・豊田（2005）	100億キープ（2000年で約126万ドル）の政府投資と政府消費はGDPを2〜3％押し上げる。100億キープの貨幣供給量の増加はGDPを3〜4％押し下げる。100億キープの政府投資と政府消費の減少はGDPを2〜3％押し下げる。
	Insisienmay（2008）	2001年から2005年の期間において、毎年1億キープの政府消費の追加支出は、毎年GDPを2000〜3600万キープ押し上げる。同時に輸入は7500〜8400万キープ増加する。これに対し、同様の政府投資の増加は、GDPを4000万〜1億6800万キープ押し上げる。1億キープのFDIの増加は、GDPを約4800万〜1億7900万キープ押し上げる。
	Kyophilavong & Toyoda（2009）	50％のFDIの増加は、GDPを平均2％押し上げる。
	Insisienmay（2013）	7％前後の成長率を2030年まで維持し続けることができれば、米ドルベースでの名目一人当たりGDPとGNI（国民総所得）はともに2015年水準と比べて4倍増加する。
ベトナム	Lord（1998）	アジア通貨危機（1997年）の影響から早期（1999年または2000年）に回復する場合、2000〜2001年のGDPの押し上げ効果は2％から3％である。貿易相手・FDI元国のGDP（合計）が1％上昇する場合、GDPの押し上げ効果は1.6％である。
	Minh（2008）	5％の世界需要の増加はGDPを5.1％押し上げる。5％の輸入価格の上昇はGDPを1.2％押し下げる。5％の輸出価格の上昇はGDPを1.7％押し上げる。5％の政府投資の増加はGDPを0.3％押し下げる。5％の金利の低下はGDPを0.03％押し上げる。5％の通貨の切り下げはGDPを0.5％押し上げる。
	Dizioli & Schmittmann（2015）	ベトナムのインフレ問題は慢性的なため、当局は常に緊縮的な金融政策を維持する必要がある。需給の調整やより柔軟な為替レート政策がインフレの安定化に繋がる。

（出所）　筆者作成。

　上記で示したカンボジア，ラオス，ベトナムを対象に開発されたマクロ
計量モデルを利用した乗数分析やシミュレーション結果について，表4–1に
まとめている。

第3節　後発ASEAN諸国におけるマクロ計量モデルの利用

　マクロ計量モデルはマクロ経済の状況の変化の影響や経済政策の効果を
分析できるものであるが，構築の目的は学術的な場合もあれば，経済の運
営・管理，また開発計画の立案など実践的な利用も含まれる。本節は，後
発 ASEAN 諸国の政府当局が自国の経済状況の監視や開発計画立案のために
どのようにマクロ計量モデルを利用してきたかに焦点を当てる。先発 ASEAN
が以前からマクロ計量モデルを開発政策の立案に利用してきたことは周知
の事実である。Lim（1982）によれば，Harrod-Domar 型モデルが1960年代前
半のマレーシア開発計画（1961～1965年）で利用されている。タイでの政策
立案におけるマクロ計量モデルの利用も1960年代に遡る（Thamrongvech
1983）。2015年現在では，財政経済事務所（Fiscal Policy Office: FPO），国家経
済社会開発委員会（National Economic and Social Development Board: NESDB），
タイ銀行（Bank of Thailand: BOT）などが独自のマクロ計量モデルを維持し，
政策立案に役立てている（Panpiemras and Sakondhavat 2015）。これらのマク
ロ計量モデルでは，どれも方程式が約100本から数百本ある大きいものとなっ
ている。Kuribayashi（1987）は1983年 4 月から始まったインドネシアの第 4
次 5 カ年開発計画（Repelita IV）に利用されたマクロ計量モデルを解説して
いる。

　ここでは，ラオスにおける経済政策とマクロ計量モデルが導入されるま
での歴史を概説する。ラオスでは，1975年末に旧ソ連などの支援を受けた
勢力が内戦に勝利し，ラオス人民民主共和国が成立した（Stuart-Fox 1997）。
これを受け，旧ソ連型の計画経済体制が導入されることになった。しかし
少ない人口に加え，比較的広く，かつ，山間部の多い国土では，旧ソ連ほ
どの計画経済が，現実には浸透しなかった。具体的には，1976～1977年，

1978〜1980年と比較的短期の計画が導入され，1981年から5カ年計画が始まり，今日まで継続されているが，1991年の第3次5カ年計画からは，民営化や外資の導入による市場経済化への移行が始まった（ケオラ 2011）。直近の出来事としては，2016年2月に実施されたラオス人民革命党の党大会で，第7次5カ年計画（2011〜2015年）の実施状況が報告された後，第8次5カ年計画が承認された。これらの短期，または5カ年計画は，立案または実施されたラオス経済のマクロ的な環境から，さらに二つの時期に分類することができる。1976年から1990年までの計画経済期と1991年以降の市場経済化期である。ラオスの市場経済化の出発点は，「チンタナカーン・マイ」（新思考）が承認された1986年の党大会とすることが多いが，民営化やFDIなど，実質的な市場経済化がはじまったのが1990年代に入ってからであり，本章では市場経済化の出発点を1991年としている（ケオラ 2011）。

　計画経済期のラオス経済は，国有化された既存の民営企業，新たに設立された国有企業および「サハコーン」（合作社）が主体である（ケオラ 2005, 2011）。この時期の経済計画は，旧ソ連と同様，おもに何をどの位生産するかが，目標であった。つまり，貨幣ベースではなく，数量ベースの計画であった。これに対し，第3次5カ年計画（1991年）以降の経済計画は，貨幣ベースへと変化していく（ケオラ 2011）。もちろん今日でも，主食であるコメ，または主要輸出産品である銅を何トン生産するのかという目標は存在する。しかし，これらは副次的な目標にすぎない。2000年以降のラオスの5カ年計画のもっとも重要な数値目標は，1人当たりGDPである。これを達成するために，必要な成長率，さらにはその成長率を達成するための政府部門の投資，民間部門の投資，外国援助などが算出される。たとえば，2006年以降の成長率目標は，常に8%前後の高い水準に設定されてきた。この成長率と推定投資効率に合わせて，5カ年計画で必要な投資額が算出された（ケオラ 2011）。

　しかし既述のように，2016年を期首とする第8次5カ年計画（2015〜2020年），10年開発戦略（2016〜2025年）およびビジョン2030（2016〜2030年）では，Insisienmayが構築したマクロ計量モデルによって，目標成長率，ドル建ての1人当たり所得や必要な投資額などが計算されている。ラオスは2030

年までに1人当たり GDP と GNI を2015年の4倍増をめざしているが，同モデルは通貨の安定を前提にこれらが達成可能との見通しを導き出した[5]。すなわち，ラオスにおける開発計画の立案では，投資額，投資効率，経済成長率の固定した関係にもとづいて達成すべき成長に必要な投入を決定することから，より包括的でダイナミックな関係を表現できるマクロ計量モデルに依拠することに変わったのである。

おわりに

　本章では，カンボジア，ラオス，ベトナムなど後発 ASEAN 諸国におけるマクロ計量モデルの構築とその利用例を考察した。マクロ計量モデルの開発や利用が1960年代から1980年代の先発 ASEAN 諸国に対し，後発 ASEAN 諸国では2000年前後からマクロ計量モデルが構築され始めた。そして，ベトナムでは2000年代初め，ラオスでは2015年頃からマクロ計量モデルが公式な開発計画に利用され始めた。カンボジアを対象としたマクロ計量モデルの開発は国際機関がまだ中心となっているが，政府は今後，開発計画にマクロ計量モデルを活用していくとしている。

　マクロ計量モデルは一般的には経済予測や経済政策の効果測定のために利用されているが，その過程で統計データの整備が進展し，また数量データを用いた経済の理解が深まるなどの効果も考えられる。そのため，国全体を対象としたモデルが今後後発 ASEAN 諸国で発展していくことはほぼ確実であろう。そうなれば，これらの国を含めた国際リンクモデルや目的別の小規模マクロモデルの構築や利用も確実に進展するであろう。最後に，先発 ASEAN 諸国でもほとんどみられないマクロモデルの構築と利用のもうひとつの方向性として，国内の地域モデルへの展開の可能性を指摘したい。地域開発，または地域間格差が重要な政策課題になってきた今日，日本などの先進国では地域のマクロモデルが構築され始めている。世界的な流れとして整備され始めている地域データを用いた地域モデルの構築と利用を，マクロ計量モデルの新たな発展の方向性として今後の展望としたい。

〔注〕

⑴　後述する通りラオスの市場経済化の出発点は，「チンタナカーン・マイ」（新思考）が承認された1986年の党大会とするのが一般的であるが，民営化や海外直接投資（FDI）の受け入れなど実質的な市場経済化が始まったのは1990年代に入ってからである。

⑵　ベトナムにおいても，市場経済化の出発点は1986年の第6回共産党大会でドイモイ（刷新）が採択された時点とする説が一般的であるが，ラオスと同様に実質的な市場経済化は1990年代に始まったものと本章では考える。

⑶　例えば2004年度の公定為替レートは1ドル6チャットであったが，同期間の違法な並行市場の為替レートの平均値は1ドル923チャットであった（久保 2008）。

⑷　https://www.unescap.org/resources/presentations-0を参照。

⑸　2015年12月，計画投資省での筆者聞き取りに基づく。

〔参考文献〕

＜日本語文献＞

天川直子編 2001.『カンボジアの復興・開発』（研究双書 No.518）アジア経済研究所.

植村仁一 2009.『カンボジアのマクロ計量モデルと経済・社会統計』（統計資料シリーズ No.92）アジア経済研究所.

長田紀之・中西嘉宏・工藤年博 2016.『ミャンマー2015年総選挙——アウンサンスーチー新政権はいかに誕生したのか——』（情勢分析レポート No.27）アジア経済研究所.

キオフィラフォン・プーペット／豊田利久 2005.「ラオス経済の計量モデル分析——LAOMACROMODEL-2の開発とシミュレーション——」天川直子・山田紀彦編『ラオス——一党支配体制下の市場経済化——』（研究双書 No.545）アジア経済研究所 115-153.

久保公二 2008.「ミャンマーのマクロ経済運営」，工藤年博編『ミャンマー経済の実像——なぜ軍政は生き残れたのか——』（アジ研選書 No.12）アジア経済研究所 147-166.

ケオラ・スックニラン 1999.「ラオス経済及びラオス経済の2部門成長モデル」修士論文　名古屋大学大学院経済学研究科.

ケオラ・スックニラン／鈴木基義 2005.「国有企業改革からみた市場経済化——軍営企業・山岳部開発会社（BPKP）の場合——」天川直子・山田紀彦編『ラオス　一党支配体制下の市場経済化』（研究双書 No.545）アジア経済研究所 181-216.

ケオラ・スックニラン 2011.「国家財政と国有企業——国有化，民営化，そして商業化——」山田紀彦編『ラオスにおける国民国家建設—理想と現実—』（研究双書 No.595）アジア経済研究所 193-228.

国際協力機構（JICA）2007.『カンボジア国経済政策支援　ファイナル・レポート』（http://open_jicareport.jica.go.jp/pdf/11845963_01.pdf）.

竹内郁雄・村野勉編 1996.『ベトナムの市場経済化と経済開発』（研究双書 No.462）アジア経済研究所.

＜英語文献＞

Aotsu, M. 2000. "The Positive Analysis of Macroeconomic Policies: Suggestion about a Development Policy." In *Macroeconomic Management in Term of Economic Downturn*, edited by State Planning Committee, Vientiane: 114–134.

Berg, Andrew, Karam, Philippe and Laxton, Douglas 2006. "Practical Model-Based Monetary Policy Analysis-A How-To Guide." *IMF Working Paper*, WP/06/81.

Dizioli, Allan and Schmittmann, Jochen M. 2015. "A Macro-Model Approach to Monetary Policy Analysis and Forecasting for Vietnam." *IMF Working Paper,* WP/15/273.

Insisienmay, Sthabandith 2008. "A Macroeconometric Model for Policy Planning of the Lao Economy." Ph. D. Thesis, Graduate School of Economics, Kyoto University.

―――― 2013. *Lao PDR's Macroeconomic Model: The Technical Background Paper*. Vientiane: National Economic Research Institute, Ministry of Planning and Investment, Lao PDR.

Kuribayashi, Sei 1987. "A Medium-term Macroeconometric Model for Economic Planning in Indonesia."『東南アジア研究』24 (4)　3 月　350–376.

Kyophilavong, Phouphet 2004. Analyzing the effect of AFTA on Lao economy: Macroeconomic model approach, *Lao Journal of Economics and Management*, Volume 2.

Kyophilavong, Phouphet and Toyoda, T. 2009. "Foreign Capital Inflows in the Natural Resources Sector: Impacts on the Lao Economy," paper presented at the international conference, "The Future of Economic Integration in Asia," at the Imperial Queen's Park Hotel, Bangkok, 20–21 November 2008.

Lim, David 1982. "Malaysian Development Planning," *Pacific Affairs*, 55 (4): 613–639.

Lord, Montague J. 1998. "Modeling the Open Macro-Economy of Vietnam," *MPRA Paper*, No. 41164.

―――― 2001. "Macroeconomic Policies for Poverty Reduction in Cambodia; Final Report," *MPRA Paper*, No. 41174.

Minh, LE Anh 2008. "Macroeconomic Policy Analysis of Vietnam: A Macro-Econometric Model Approach," *Forum of International Development Studies*, No. 36: 193–214.

Panpiemras, W. and Sakondhavat, A. 2015. "Macroeconomic Modeling in Thailand," UNESCAP, (http://www.unescap.org/sites/default/files/Thailand-macroforecastingtechniques.pdf).

Rungcharoenkitkul, Phurichai 2012. "Modeling with Limited Data: Estimating Potential Growth in Cambodia," *IMF Working Paper*, WP/12/96.

Stuart-Fox, Martin 1997. *A History of Laos*, Cambridge: Cambridge University Press.

Thamrongvech, Thada Suchart 1983. "A Macro-Econometric Model of Thailand," Ph. D. Thesis, Department of Economics, McMaster University.

第5章

人口構成の変化を考慮した消費関数の検討

石 田 正 美

はじめに

　日本社会が「少子高齢化」と形容されるようになってから久しい。実は現在の日本の人口構成を考えると，日本は65歳以上の人口が21％を超える超高齢社会に分類されるが，今日世界の経済成長の原動力のひとつと考えられる ASEAN や中国を含む東アジアをみると，一部の国・地域ですでに高齢化が進んでおり，大泉（2007）はこうした状況を『老いていくアジア』と形容し1冊の書籍にまとめている。

　しかしながら，この地域をより細かくみていくと，少子化が進み始める一方で，少子化世代のうえの若年労働力の増加により，労働力人口が膨張し，それがより大きな投資や労働生産性，経済発展の基礎として「人口ボーナス」をもたらしている国も存在する（大泉 2007）。加えて，アジアは人口13億人の中国と12億人のインドを擁しており，こうした巨大な人口を抱える国々が経済成長を果たしていくなかで，人々の購買力が増大していくことにも期待が集まる（経済産業省 2010）。

　北東アジアの国・地域の人口ピラミッドをみていくと，日本，台湾，香港が壺型，韓国と中国が釣鐘型になっており，ASEAN でもシンガポールとタイが釣鐘型で，高齢化が進んでいる。他方，インドネシア，マレーシア，フィリピン，ベトナム，ミャンマー，カンボジア，ラオスなどは，裾野こ

そ広がってはいないが，最も人口の多い世代が30歳未満で，タイやシンガポール，北東アジアの国・地域と比べると若い人口構成となっている（石田2016）。

こうしたなか，野上（2010a）は，人口構成の変化など長期的な要因の経済成長に対するインパクトをマクロ計量モデルに取り込むことが必要であると述べている。そのうえで，人口構成を考慮に入れた Fair and Dominguez（1991）の研究を紹介するとともに，東アジア諸国・地域の消費関数に当てはめている（野上 2010b；野上 2011）。その後，3年間にわたり関連する研究事業がアジア経済研究所で実施され，同関連研究会の委員によって，同モデルを用いた研究が積み重ねられてきた（植村 2011；渡邉 2012；渡邉2013）。

本章では，人口構成を東アジア諸国・地域の消費関数およびそれを含むマクロ計量モデルに取り入れるためのこれまでの取り組みを総括し，今後の課題を明らかにすることとしたい。第1節では Fair and Dominguez（1991）のモデルと，同モデルを東アジア諸国に適用した場合に想定される状況について説明する。第2節では，同モデルに東アジア諸国・地域のデータをあてはめ推定式を求め，さらに各国・地域の年代別の消費パターンを示す。第3節では，推定した式のうち，実際にタイとインドネシアの推定式に変更を加えた後，マクロ計量モデルに当てはめて，将来の人口構成を想定したとき，その変化が GDP にどのような影響をもたらすのか，シミュレーションを行ってみることとする。そして「おわりに」で今後の課題を述べることとする。

第1節　人口構成を反映させた消費関数のモデル

人口構成を消費関数に反映させるモデルとして，野上（2010b）および野上（2011）が紹介したモデルが Fair and Dominguez（1991）である。同モデルは，米国で第2次世界大戦直後から1960年代まで続くベビー・ブーム世代が，25歳から54歳までの働き盛り（Prime Age）になると，それまでと消

費などにもたらす影響は当然異なるとの想定に基づき，人口構成の変化の
ダイナミズムを取り入れたサービス，非耐久消費財と耐久消費財の 1 人当
り消費と 1 人当り住宅投資などを推定している。

　Fair and Dominguez（1991）は，働き盛りの世代は老後のための貯蓄に励
むことから，25歳よりも若い世代や55歳以上の世代より少なめに消費する
というライフ・サイクル仮説を検証し，推定結果としてサービスや非耐久
消費財の消費や住宅投資は，それぞれ40歳と41歳，38歳に最小値を迎える
U 字カーブを示した。耐久消費財の消費は53歳で最小値を迎える同じく U
字カーブを示したが，可処分所得を説明変数に加えると，必ずしもライフ・
サイクル仮説を支持するわけではないと結論づけている（Fair and Dominguez
1991）。

　Fair and Dominguez（1991）は，ライフ・サイクル仮説を検証すること か
ら，「働き盛り」の前の若年層とその後の老年期に消費が拡大し，働き盛り
の期間は貯蓄に励むことを想定している。このため，図5-1の左上図で示さ
れるような正の 2 次式が想定される。他方この 2 次の変数に加え，単純に
直線で増加傾向ないし減少傾向を示す図5-1の下の左図と右図のような世代
についての 1 次の変数で，消費関数は推定される。ここで下の左図と右図
のような世代の 1 次の変数を Z 1，上の左図と右図のような世代の 2 次の変
数を Z 2 としている。野上（2010b）は，人口構成を考慮したプロトタイプ
の消費関数として，

$$\mathrm{CP/POP} = a_1 + a_2 \mathrm{Y/POP} + a_3 \mathrm{Z}1 + a_4 \mathrm{Z}2 \qquad (1)$$

を用いている（石田 2016）。なお，ここで *CP* は民間消費，*Y* が GDP，*POP*
は人口を示し，a_1〜a_4はパラメータである。なお，⑴式が導出される過程の
詳細は巻末の「補遺　第 5 章　人口データについて」に示している。

　野上（2010b）は，⑴式をもとに台湾とインドネシアの関数を，野上（2011）
は台湾，シンガポール，タイ，フィリピン，マレーシア，ベトナム，カン
ボジアの消費関数を推定しているが，マレーシアとベトナムについては米
国と同様にライフ・サイクル仮説を支持するように *Z2* のパラメータは正の

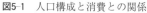

図5-1　人口構成と消費との関係

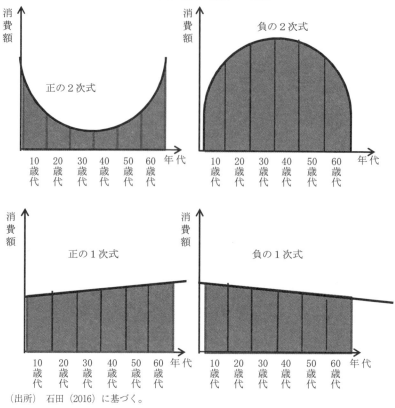

（出所）　石田（2016）に基づく。

値を示したが，その他の国に関してはいずれもライフ・サイクル仮説とは
逆の負のパラメータ推計値を示し，年代別消費は逆Ｕ字で示された。

　こうした若年者と高齢者の消費が少なく，また中年層の消費が多くなる
少なからぬアジア諸国の傾向について，野上（2010b）は消費が所得の変動
と非常に密接な関係にあるためとしている。より具体的に，野上（2010b）
および野上（2012）を総合すると，東アジアの国・地域では，日本の高度成
長期と同様に農村から都市への人口移動が起こり，都市に新しい世帯が形
成され，核家族化が進むことで，耐久消費財などが新たにワンセット必要

となり，そうした年代が若年層から働き盛りの年代になると消費が増大し，逆に高齢者には国による社会保障制度などの社会インフラが十分に整備されていないため，消費が低下する傾向にあると説明している。

第2節　東アジアにおけるプロトタイプの消費関数

　本節では，中国，香港，台湾，韓国，日本など北東アジア諸国・地域とベトナム，インドネシア，フィリピン，マレーシア，タイ，シンガポールなどASEAN地域の人口データに基づき(1)式で示した，年齢別消費が上昇か下降を示す1次式の部分Z1と，年齢別消費がU字か逆U字かを示す2次式の部分Z2を求め，各国の実質1人当り所得も加えた，3つの説明変数により，プロトタイプの1人当りの消費関数の推定を試みる。

1．データについて

　各国・地域のプロトタイプの消費関数を相互に比較するため，同じ変数を用いて，同じ定式化を試みた。Z1とZ2を求めるに際しての年齢区分は，15歳から74歳までとした。Fair and Dominguez（1991）は，15歳から69歳までとしていた。これは15歳〜64歳の労働力人口に5歳分多く見積もった人口であるが，退職後も消費を行うという点では現実的な期間と考えられる。他方，Fair and Dominguez（1991）が研究成果を発表した頃と比べると，自らの消費行動を意思決定できると考えられる年齢も高くなっていることが想定される一方，データの利用可能性も考慮して，15歳から74歳までの人口をもとにZ1とZ2を求めることとした[1]。推定期間は，第6章で示す東アジア地域・貿易リンクモデルに組み込むことを想定し，国連のBroad Economic Categories（BEC）分類に基づく輸出入関数の推定が可能な1988年以降とした。しかしながら，データの利用可能性の制約もあり，タイは1990年，ベトナムは1994年からとなった。このため，サンプル数は最大で28，最少で21，自由度は最大で25，最少で18ということで，自由度制約の

問題がある点は否めない。

　なお，Z1とZ2のデータを求めるに際し，毎年1歳ごとの人口の統計を公表しているのは日本と台湾だけであり，韓国は予測値のデータを活用できるので，これらの国についてはデータ作成について多くを論じる必要性はない。他方，毎年の年央人口を公表しているが5歳ごとの人口しか公表していなかったり，10年に1度の人口センサスおよびそのセンサス間中間年調査では1歳ごとの人口を公表しているが，その間の年については公表しない国がほとんどであり，それらは線形補間することにより対処した。その対処方法に関しては，巻末の「補遺　第5章　人口データについて」を参照されたい。

　民間消費およびGDPをはじめとする国民所得統計のデータに関しては，中国は国家統計局，香港は香港統計局，台湾は国家統計局，韓国は韓国銀行，日本は内閣府，インドネシアは中央統計庁，タイは国家経済社会開発委員会，ベトナムとシンガポール，マレーシア，フィリピンはアジア開発銀行の *Key Indicators* のデータを用いた。

2．推定結果

　表5-1は，上述の条件で求めたプロトタイプの消費関数の推定結果を示したものである。表5-1より，フィリピンと香港については説明変数Z1とZ2の有意性が認められないほか，ベトナムの推定結果でZ1が，シンガポールの推定結果でZ2のパラメータがそれぞれ統計的に有意ではないが，その他の国・地域についてはいずれの説明変数のパラメータも有意となっている。符号条件については，1人当りGDPのパラメータはいずれもプラスとなっている。他方，年齢別消費がU字か逆U字かを示す2次式であるZ2のパラメータについては，マレーシアと日本とベトナムがプラスの値を示し，ライフ・サイクル仮説を支持するU字型を示しているが，北東アジアでは中国，台湾，韓国，ASEANではインドネシア，タイは，パラメータがともにマイナスの値を示している。

表5-1　人口構成を考慮した消費関数（1人当り消費）の推定結果

	切片	1人当り GDP	Z1	Z2	R2	DW比	分析期間
ベトナム	0.0061	0.8073***	−6.28E−03	0.00012*	0.9954	1.2688	1994-2014
	(1.401)	(4.983)	(−1.646)	(1.899)			
インドネシア	−0.0629***	0.722***	0.0125***	−3.09E−04***	0.9692	1.0115	1988-2014
	(−4.278)	(8.479)	(5.727)	(−5.581)			
フィリピン	0.1678***	0.2163*	−0.0104	3.92E−04	0.9732	0.7199	1988-2015
	(3.348)	(1.853)	(−0.999)	(1.622)			
中国	−2,071.00	0.5445***	1185.2**	−16.658**	0.9974	0.8565	1988-2013
	(−0.875)	(34.414)	(2.321)	(−2.210)			
マレーシア	19.5517**	0.4477***	−9.6699***	0.2288***	0.9555	0.3626	1988-2015
	(2.657)	(6.418)	(−4.959)	(5.476)			
タイ	−0.035*	0.5654***	0.0146***	−3.05E−04***	0.9861	0.8668	1990-2014
	(−1.847)	(11.056)	(−3.538)	(−3.564)			
シンガポール	44.0116***	0.0516	3.3584**	−3.59E−04	0.9821	1.0458	1988-2005
	(4.274)	(0.922)	(2.780)	(−0.012)			
香港	0.3086	0.6728***	0.0158	−3.52E−04	0.9205	0.193	1988-2014
	(0.906)	(4.002)	(0.822)	(−0.872)			
韓国	−19.739***	0.8722***	0.8163*	−0.0429***	0.9969	1.8011	1988-2014
	(−6.884)	(12.364)	(1.920)	(−7.577)			
台湾	0.135	0.8027***	0.102**	−0.0026***	0.9698	0.6117	1988-2014
	(0.560)	(4.936)	(2.444)	(−4.097)			
日本	1.787***	0.3173***	−0.3175*	0.0064**	0.9928	1.2302	1988-2014
	(3.473)	(7.043)	(−1.792)	(2.222)			

（出所）　各国統計資料（「補遺　第5章　人口データについて」参照）をもとに筆者による推計
　　　　に基づく。
（注）　1)　*は10％水準，**は5％水準，***は1％水準で，係数が有意であることを示す。
　　　　2)　括弧内は t 値を示す。
　　　　3)　R2は自由度修正済み決定係数を意味する。

　推定結果のZ1およびZ2のパラメータをもとに，年齢ごとの消費の相対
的な大小関係を，年齢分布係数として推計し，棒グラフで示したのが図5-
2である（推定方法については「章末補論 Fair and Dominguez」のモデルを参照）。
　消費分布係数の総和はゼロであり，グラフ上のプラスの部分は対象年齢
期間の平均消費額（便宜上以下では単に「平均消費額」と呼ぶ）より高く，マ
イナスの部分は同平均消費額より低いと解釈される。図5-2の各国を比較し
た結果は一見興味深い結果ではあるが，グラフの両脇が極端に高いないし
は低い消費分布係数値を示すことが多い2次式で，どこまで現実の年齢別
消費を示すことができるのかについては限界がある点に留意しなければな

図5-2　年齢別に示した各国・地域の消費者の消費傾向

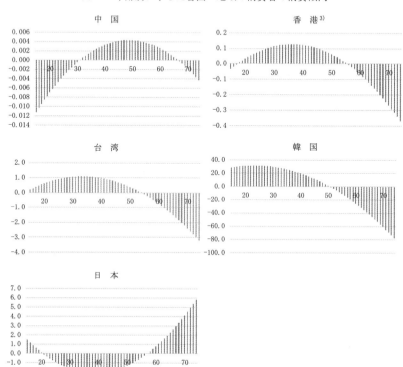

（続き）

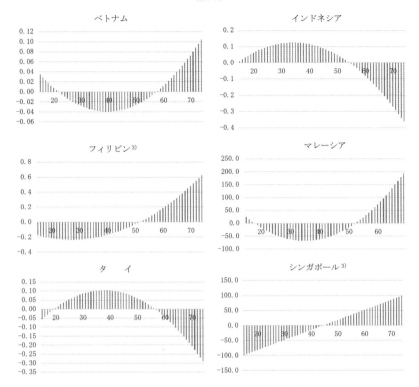

（出所）　各国統計資料（補論参照）をもとに筆者による推計に基づく。
（注）　1）　横軸は年齢、縦軸は消費分布係数を示す。
　　　　2）　縦軸の年齢分布係数は，相対的な消費の大小関係を示しており，各年齢の平均から
　　　　　　の乖離の総和はゼロになる。
　　　　3）　香港，フィリピンとシンガポールの年齢別消費傾向も示しているが，香港とフィリ
　　　　　　ピンはＺ１とＺ２の係数の双方，シンガポールはＺ２の係数が有意ではない点に留意さ
　　　　　　れたい。

らない。また日本でいうところの「団塊の世代」など世代の効果と年齢の効果を区別していない点にも注意する必要があろう（野上 2011）。さらにプロトタイプの消費関数として説明変数は限られており，世帯数の変化や人口規模なども考慮されておらず，プロトタイプの消費関数として今後の改善の余地を残している。

　以上の点をふまえたうえで，敢えて推計結果について，可能性として考えられる点を解釈してみることとする。なお，結果の解釈に際しては，Fair and Dominguez（1991）が2次曲線の極大値と極小値を何歳の時点で迎えているのかを分析したことにならい，表5-2に極大値と極小値を迎えた年齢と，それに加え年齢分布係数がマイナスからプラスに転換する年齢ないしはプラスからマイナスに転換する年齢を示している。

　まず，Z2のパラメータがプラスで，かつパラメータが有意と判定された日本とマレーシアについてみると，マレーシアの年齢別消費パターンは18歳で消費が平均消費額を下回り，35歳で消費が底を付き，53歳に平均消費

表5-2　年齢別消費傾向の最高・最低点と正負の転換点を迎える年齢

＜2次関数の項Z2の係数が正の値を示した国・地域＞

	マイナス転換点	最下点(底)	プラス転換点
フィリピン	－	27歳	52歳
マレーシア	18歳	35歳	53歳
日本	21歳	39歳	57歳
ベトナム	23歳	40歳	57歳

＜2次関数の項Z2の係数が負の値を示した国・地域＞

	プラス転換点	頂点	マイナス転換点
韓国	－	24歳	51歳
台湾	－	33歳	55歳
インドネシア	－	34歳	55歳
香港	18歳	36歳	56歳
タイ	20歳	38歳	57歳
中国	30歳	49歳	68歳
シンガポール	45歳	－	－

（出所）　推計結果に基づき，筆者作成。
（注）　ここでのプラスとマイナスは平均値より上か下かを示す。

額を上回っている（表5-2）。日本の場合は，マレーシアより 3 ～ 4 年遅く，21歳で平均消費額を下回り，39歳で底を突き，定年直前の57歳で平均消費額を上回っている。Ｚ2 の係数のみが統計的に有意と示されたベトナムについては，マイナスに転じるのが日本よりさらに遅い23歳で，底を突く年齢と消費が平均消費額を上回る年齢がそれぞれ40歳と57歳で日本よりさらに遅い。

　日本の場合，青年期と中年期に貯蓄に励み，老年期に消費を押し上げるライフ・サイクル仮説が当てはまるとの説もあるが，住宅ローンの負担が消費を抑制している点が指摘されているほか[2]，これに加え教育費用や結婚費用で一時に多額の支出が起こることが多く（野上 2011），働き盛りの時期は消費が平均を下回るものと考えられる。一方，マレーシアのケースがライフ・サイクル仮説を支持する結果となっているのは，民間企業の従業員を対象にした強制貯蓄制度である「被雇用者年金基金」が存在し，壮年期に積み立てた貯蓄で老後の消費を支える制度があることが背景にあるとされている（野上 2012；中川 2010）。

　ベトナムに関しては，実質データに基づく消費性向が対象期間で64.3～74.6％と，マレーシアの38.1～52.4％，日本の55.5～59.4％と比べかなり高い。また，時系列でみた消費性向は下降傾向を示しており，人口ピラミッドからみて増え続ける働き盛りの世代が，貯蓄に励むようになっているのではないか考えられる[3]。他方で，働き盛りの世代に関して，周辺国と比べ自動車を購入するより二輪車を購入する，また住宅は都市部において広い土地に家を建てるのではなく，狭い土地に 3 ～ 6 階建ての家屋などを建設する部分に[4]，ベトナム人特有の倹約志向が感じられる。また，ベトナム戦争が終結した1975年に20歳の世代が2017年現在で62歳となる。こうした世代は米国との戦争を経験するとともにその後の集団農業制など非効率な計画経済のなか，自留地や自由市場で生計をやり繰りをしてきた世代である（古田 1996）。過去においてたくましく生きてきたこのような世代にとって，ドイモイ後の過去と比べて豊かになった時代に貯蓄を増やし，老後の消費に充てていくことが容易であっても不思議ではない。

　つぎにＺ2 のパラメータがマイナスでかつ，パラメータが統計的に有意と

された国・地域についてみてみることとしたい。中国は30歳で消費が平均消費額を上回り，49歳で頂点を迎え，平均消費額を下回るのが68歳と非常に遅い。中国で消費が平均消費額を上回るのが30歳と遅いのは，大卒者の就業が困難な点や，若年層の生活状況が厳しいことを反映しているように思われる。他方で，中高年層で消費が増える要因としては，いくつかの要因が考えられる。1992年に鄧小平が行った「南巡講話」の後，外国投資の増加による沿海部の都市を中心とした所得増を通じ，その稼ぎ頭と想定される中高年層の消費が増加した点が第1に考えられる。他方，内陸部の農村においても，中高年層が沿海都市に出稼ぎに出て，その一部は一定期間所得を稼いだ後農村に戻り(5)，農村で以前と比べ裕福な生活を送る一方，出稼ぎ者が仕送りをすることで農家所得が増加し（厳 2009），農村に残った壮年層が消費を増やしている可能性が第2に考えられる。

　タイでは，消費が平均消費額を超える年齢が20歳で，頂点を38歳で迎え，57歳で平均消費額を下回っている。この傾向は，バンコク近郊の若年層が消費をリードしている一方で，農村部にとどまり続ける中高年層を象徴しているようにも思える（大泉 2011）。この傾向は，頂点を34歳で迎え，55歳で消費が平均消費額を下回るインドネシアにもあてはまるように思える。33歳で頂点を迎え，55歳で消費が平均消費額を下回る台湾も，インドネシアと類似した年齢別消費パターンを示している。台湾については，55歳以上の世代で所得格差が10倍以上に拡大し，こうした世代が低所得者層の占める割合が高いことから，世代別にみた可処分所得が65歳以上の世代で激減することが2004年の家計所得消費調査を分析した結果から示されており，この結果は推定結果を支持する内容となっている（高安 2006）。韓国については，消費が頂点を迎えるのが24歳と著しく早く，51歳で平均消費額を下回る傾向が示されている。韓国の老年層の消費抑制傾向については，引退して失業状態にあるため，稼得能力が乏しいことによるとされる（渡邉 2013）。

　以上，北東アジア諸国・地域および一部のASEAN諸国の年齢別消費傾向をみてきた。最後に，表5-2に戻り誤差項の系列相関の有無をみるダービン・ワトソン比（DW比）をみてみることとしたい。DW比がマクロ計量モデルを活用するうえで，適切な水準を示しているのは韓国のケースのみである(6)。

したがって，続く第 3 節でタイとインドネシアのマクロ計量モデルに組み込む場合，本節で示したプロトタイプのモデルに新たな変数を加え，誤差項に系列相関がないようにすることが求められる。

第 3 節　人口構成を考慮した消費関数のマクロ計量モデルへの適用

　前節では，人口構成を考慮したプロトタイプの消費関数を推定し，その評価を加えたが，本節ではこうした人口構成を考慮した消費関数を，インドネシアとタイを例にマクロ計量モデルに組み入れてみることとしたい。なお，インドネシアとタイを選んだ理由については，本書第 3 章と第 4 章でそれぞれ北東アジアの国・地域のモデルと CLMV 諸国のモデルについて言及しているものの，先発 ASEAN についてとくに焦点を当てていないことと，インドネシアとタイが先発 ASEAN のなかでは国の規模が大きく，かつプロトタイプの消費関数の推定結果も良好なパフォーマンスを示していたことが理由である。ここでは非常に簡易なマクロ計量モデルを示し，そのうえで人口構成を 5 年および10年先にシフトさせたショックを与えることで，人口構成の変化が GDP にどのような影響をもたらすのかをみるとともに，マクロ計量モデルに組み込む場合に留意しなければならない点について論じることとしたい。

1．マクロ計量モデルに組み込んだ場合のパフォーマンス

　前節の終わりでも述べたとおり，プロトタイプの消費関数の多くはダービン・ワトソン比が良好な結果を示しておらず，誤差項に系列相関が認められ，既存の説明変数では十分説明しきれていないことが示唆された。このため，プロトタイプの消費関数をマクロ計量モデルに組み入れても，良好なパフォーマンスが保証されない。そこで，本節ではプロトタイプの消費関数に自然対数や階差を取り入れる，ダミー変数をはじめ他の説明変数

表5-3 インドネシアのマクロ・モデル（1989～2014）の構造方程式推定結果とモデルのパフォーマンス

消費関数（被説明変数：CP/POP）

定数項	GDP/POP	CP/POP(－1)	Z1	Z2	R2	h統計量
－0.01871*	0.2912***	6.10E－01***	0.00317*	－0.000082*	0.9917	－0.2860
（－1.916）	（4.170）	（8.630）	（1.997）	（－2.045）		

投資関数（被説明変数：CF）

定数項	GDP	K(－1)	D9698	R2	DW比
－79970***	0.6239***	－0.07283***	153841***	0.9928	2.1880
（－13.356）	（24.397）	（－11.199）	（4.946）		

輸入関数（被説明変数：M）

定数項	GDP	PM/GDP	R2	DW比
41313	0.25982***	－203300*	0.9577	1.6623
（0.1903）	（15.8531）	（－1.7464）		

	GDP	CP	CF	M
RMSE	179,291.3	115,274.2	110,973.9	55,058.8
RMSPE	0.02768	0.03080	0.05804	0.03925

（出所） 筆者の推定に基づく。
（注） 1） R2は自由度修正済み決定係数を示している。
　　　 2） 有意水準は表1と同じ。
　　　 3） 消費関数は1期前のラグを説明変数に入れていることから，ダービン・ワトソン比ではなく，ダービンのh統計量を示している。
　　　 4） RMSEは平均平方誤差（Route Mean Square Error），RMSPEは平均平方誤差率（Route Mean Square Percentage Error）を意味する。

を加えることで消費関数を推定するとともに，投資関数等を推定し，GDPの定義式とともに，簡素なマクロ計量モデルを構築した。

　表5-3は，インドネシアの消費関数および投資関数と輸入関数の推定結果を示したものである。

　1人当り民間消費（CP/POP）を被説明変数にした消費関数は，プロトタイプの消費関数に1期前の1人当たり民間消費を加えたもので，Z1とZ2のt値の絶対値は下がっているものの，10％水準では有意となっている。なお，被説明変数の消費（CP）と説明変数のGDPは，人口で除すことで1人当りの値にしているため，マクロ計量モデルに組む際は，モデル上では［CP/POP］と［GDP/POP］を別の変数として定義し，

$$CP = [CP/POP] \times POP \tag{2}$$

$$[GDP/POP] = GDP/POP \tag{3}$$

のような定義式を入れている。また，1期前のラグを説明変数に入れていることから，誤差項の系列相関はダービンの h 統計量で判定している。表5-3で示された h 統計量からは，誤差項の系列相関は認められないと判定される。

　投資関数は，GDP に1期前の資本ストック（K）と1996年から1998年を1としたダミー変数により，被説明変数である投資（CF）を説明しており，説明変数の t 値とダービン・ワトソン比は良好なパフォーマンスを示している。なお，資本ストックは，減価償却率を5％とし，

$$K = 0.95K(-1) + CF \tag{4}$$

の定義式で計算している。ここで K の初期値は CF の初年の値を用いている。輸入関数は GDP および輸入物価（PM）を一般物価（PGDP）で除した内外相対価格で，被説明変数である輸入（M）を推定している。以上の構造方程式をベースに，定義式で

$$GDP = CP + CG + CF + J + (X - M) \tag{5}$$

と，民間消費（CP），政府消費（CG），投資（CF），在庫変動（J），財・サービス輸出（X）を加え，財・サービス輸入（M）を差し引いている。なお，国民所得統計のデータは，インドネシア中央統計庁の公表する資料に基づいている。2005年以降実際のデータを当てはめた推計結果を図5-3に示す。モデル解が実績値を若干上回る傾向を示しているが，まずまず良好なパフォーマンスを示しているといえよう。

　つぎに，人口構成を考慮した消費関数を導入したタイのマクロ計量モデルを紹介したい。表5-4は，タイのマクロ計量モデルの消費関数，投資関数，輸入関数の推定結果を示したものである。消費関数はプロトタイプの消費関数に2002年から2005年までを1としたダミー変数を加えたものである。

　Z1のパラメータの有意水準が十分な水準に達していないが，その他ダー

図5-3 インドネシアの GDP のマクロ計量モデルによるパフォーマンス

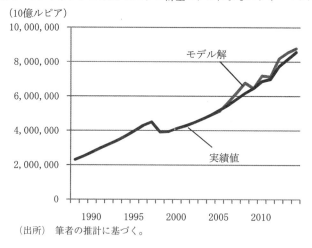

（出所） 筆者の推計に基づく。

表5-4 タイのマクロ・モデル（1991～2014）の構造方程式推定結果とモデルの
パフォーマンス

消費関数（被説明変数：CP/POP）

定数項	GDP/POP	Z1	Z2	D0205	R2	DW 比
−4.37E−05	0.59837***	1.36E−05	−2.94E−07*	3.56E−06***	0.9827	2.1986
(−1.429)	(6.693)	(1.525)	(−1.872)	(3.312)		

投資関数（被説明変数：CF）

定数項	GDP	K(−1)	D9497		R2	DW 比
−197.83	0.5773***	−0.1142***	900.84***		0.9276	2.0173
(−1.105)	(13.140)	(−10.361)	(9.579)			

輸入関数（被説明変数：M）

定数項	GDP	PM(−1)	D9597		R2	DW 比
−1967.69***	1.0857***	−2963***	−448.48*		0.9827	2.1986
(−4.792)	(12.376)	(−2.52)	(−1.756)			

	GDP	CP	CF	M
RMSE	249.9	160.3	138.7	87.4
RMSPE	0.02359	0.02826	0.05350	0.01374

（出所） 筆者の推定に基づく。
（注） 1) R2は自由度修正済み決定係数を示している。
2) 有意水準は表1と同じ。
3) RMSE および RMSPE の説明は，表3と同じ。

ビン・ワトソン比も比較的良好なパフォーマンスを示している。また，イ
ンドネシアの場合と同様に(2)式と(3)式のような定義式を入れて，GDP の定
義式と消費関数を繋いでいる。投資関数はインドネシアと同様に GDP と
(4)式に基づく 1 期前の減価償却率 5 ％の資本ストック（K），1994年から1997
年を 1 としたダミー変数を用いている。輸入関数は，内外相対価格ではな
く，1 期前の輸入物価（PM）と1995年から1997年を 1 としたダミー変数を
内生変数に用いている。タイの輸入関数に関しては，当初はインドネシア
と同様に内外相対価格を説明変数として推定を試みたが，さまざまなダミー
変数などを用いても良好なパフォーマンスが示されず，まずは輸入物価を
反映させることで，表5-4のような式を採用した点を述べておきたい。タイ
の投資関数および消費関数ともにまずまずのパフォーマンスを示している。
また，インドネシアと同様に(5)式に示す定義式で，GDP を定義している。
なお，GDP の国民所得統計は，国家経済社会開発委員会（NESDB）の統計
を用いた。インドネシアと同様に2005年から実際のデータをあてはめた推
計結果のパフォーマンスを，図5-4に示す。インドネシアのモデルのパフォー
マンスと比べると，モデル解と実績値が交わる部分が多く，より良好なパ
フォーマンスを示している。

図5-4　タイのマクロ計量モデルによる GDP のパフォーマンス

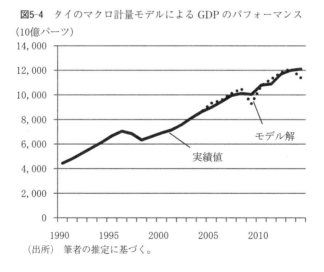

（出所）　筆者の推定に基づく。

なお，これまでインドネシアとタイを例に示してきたマクロ計量モデル
は，個々の方程式において成り立つ説明変数と誤差項が統計的に独立であ
るとの条件が成立しない同時方程式バイアスの問題が生じ得る。この問題
に対処する方法として，操作変数法や２段階最小二乗法などの推定方法が
ある点を記しておきたい。

２．将来の人口構成のGDPへのインパクトについてのシミュレーション

　本章の冒頭でも述べたように，東アジアの国・地域をみたとき，北東ア
ジアの国・地域を中心に人口の高齢化が近年進展するとともに，多くの
ASEAN諸国では裾野こそ狭まり始めているものの，人口ピラミッドの形は，
北東アジアの国・地域と比べても，若い人口構成の国々が多い。タイは
ASEAN加盟国ではあるが実は前者に分類され，インドネシアは後者に分類
される。
　このように対照的なタイとインドネシアにおいて，５年先および10年先
の将来の人口構成を想定したシミュレーションを行った場合，GDPはどの
ように変化をするのであろうか。この点を前述のマクロ計量モデルを用い
て，推計してみることとしたい。ショックを与える最初の2005年の５年後
は2010年，10年後は2015年で，推定の最終年である2014年の５年後は2019年，
10年後は2024年になる。ということで，参考までであるがタイとインドネ
シアの2010年の人口センサスに基づく人口ピラミッドと，インドネシア国
家開発計画庁（BAPPENAS）と国連がそれぞれ行った予測値に基づくインド
ネシアとタイの2020年における人口ピラミッドを図5-5に示す。
　詳細な数字を示すと，タイは65歳以上の人口が2010年時点の人口センサ
スによると8.8％ですでに高齢化社会（65歳以上の人口が７％以上14％未満）
に入り，2020年の国連の人口予測によると同13.0％と，高齢社会（65歳以上
の人口が14％以上21％未満）に近づく。他方，インドネシアは15歳以上65歳未
満の労働力人口が2010年の人口センサスに基づく66.1％から2020の予測に基
づく67.7％に拡大することから，辛うじて人口ボーナスを享受することが
予測されている[7]。

図5-5　インドネシアとタイの2010年時点の国勢調査と2020年時点の人口予測に基づく
人口構成

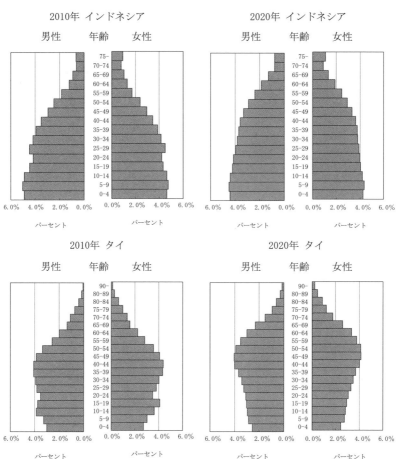

（出所）　インドネシアとタイの2010年の国勢調査は中央統計庁および国家統計局、2020年予測
　　　　は国家開発計画庁と国連ウェブサイトにそれぞれ基づく。

図5-6 インドネシアの5年後と10年後の人口構成を前提にした消費による GDP への影響

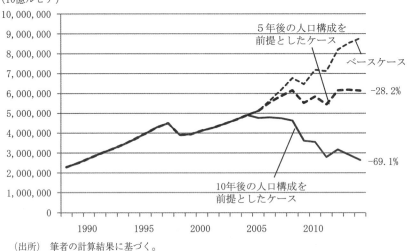

（10億ルピア）

（出所）　筆者の計算結果に基づく。

図5-7 タイの5年後と10年後の人口構成を前提にした消費による GDP への影響

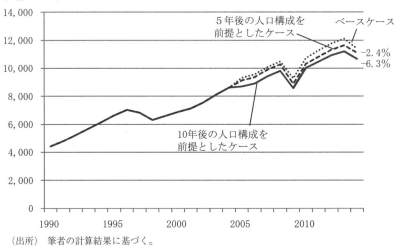

（10億バーツ）

（出所）　筆者の計算結果に基づく。

　上述の想定で，5年先および10先の将来の人口構成を前提としたショックを与えた場合の経済効果を，インドネシアは図5-6，タイは図5-7にそれぞれ示す。

　インドネシアの場合も，タイの場合も，将来の人口構成を前提とした場合，GDP を引き下げる効果が確認される。しかしながら，その影響の大小は，5年先の人口構成を前提とした場合，それぞれ最終年である2014年と2015年の GDP をインドネシアの場合はベースケースより−28.2%，タイの場合は−2.4%と，インドネシアの方がはるかに大きい。10年先の人口構成を前提とすると，その影響はインドネシアの場合−69.1%，タイの場合−6.3%と，同様にタイの10倍以上の大きな影響が及ぶことが示されており，インドネシアの場合その影響があまりに大きい結果が示され，人口構成を変化させた場合のモデルの安定性に懸念が示される結果となっている。

3．マクロ計量モデルに組み込むうえでの留意点

　将来人口を前提とした場合，インドネシアの GDP を引き下げる効果があまりに大き過ぎる点が示された。実際，当初は20年後および30年後の人口構成を想定したシミュレーションを試みたが，インドネシアの GDP の金額がマイナスを示してしまったことも述べておきたい。そこで，1人当り民間消費の慣性効果ではなく，2007年〜2010年の期間を1としたダミー変数と1991〜1994年を1としたダミー変数をそれぞれ用いた消費関数を用いてみた。図5-8は，その推定結果と同関数を組み入れたマクロ計量モデルのパフォーマンスと将来人口を想定した推計結果を示したものである。

　モデルのパフォーマンスは推定期間内のものでは実績値と1度は交わるものの，その後下回る結果を示し，表5-3や表5-4と比べても平均平方誤差（RMSE）や平均平方誤差率（RMSPE）の値も大きく，良好とはいえない。また，将来人口を想定したシミュレーションではその影響がさらに大きく，1年後の人口構成の場合は2014年の GDP への影響は−22.5%引き下げる結果となっているが，3年後を想定したものは355.8%も押し上げる結果を示している。5年後の人口構成を想定したショックを与えると，さらにその

図5-8 インドネシアのもう1つの消費関数推定式に基づくマクロ計量モデルの推定結果とモデルのパフォーマンス

＜もう1つの消費関数（被説明変数：CP/POP）の推定結果＞

定数項	GDP/POP	Z1	Z2	D0710	D9194	R2	DW比
−0.06734***	0.7271***	0.01375***	−0.000337***	−0.001202***	−0.00112	0.9857	1.7166
（−6.487）	（12.454）	（8.235）	（−8.162）	（−3.684）	（−3.688）		

	GDP	CP	CF	M
RMSE	821,082.7	575,461.6	483,894.6	241,819.5
RMSPE	0.11564	0.14792	0.21609	0.14294

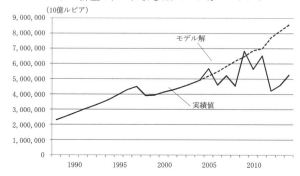

＜マクロ計量モデルによるGDPのパフォーマンス＞

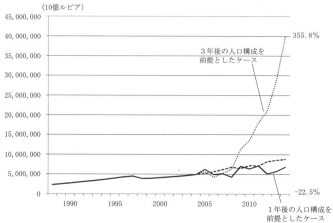

＜3年後と5年後の人口構成を前提とした推計結果＞

（出所）　筆者の推定に基づく。
（注）　1）　消費関数推定結果のR2は自由度修正済み決定係数を示している。
　　　　2）　消費関数推定結果の有意水準は表1に同じ。

押し上げ効果は大きくなり，インドネシアの消費関数はどちらも安定性を欠いている[8]。さらに表5-3の消費関数を組み入れた場合のシミュレーション結果は最終的にマイナスの方向に乖離していくのに対し，図5-8の消費関数を組み入れた場合はプラスの方向に乖離するといったように，シミュレーションの効果も異なる方向性を示した。ただ，異なる方向性を示したことに関しては，インドネシアの人口構成が次第に高齢化に近づいてはいるものの，10年後の人口構成でも労働力人口は引き続き拡大し続けるとの結果を反映しているのかもしれない。インドネシアのケースは，各推定式をみるかぎり良好なパフォーマンスを示し，かつマクロ計量モデルに組み入れ，期間内のパフォーマンスも比較的良好な結果を示した。しかし，シミュレーションでショックを与えた途端に安定性を欠くケースを示し，マクロ計量モデルの難しさの一端を示す結果となった。第6章で論じるような国同士を貿易関係で結んだリンクモデルにこうした消費関数を当てはめた場合，その影響は他国にも波及し，結果としてモデル全体の安定性が維持されない場合もあり得る。そうした場合は，インドネシアのみ別の消費関数を推定し対応するなどの対応が求められる。

おわりに

　本章においては，Fair and Dominguez（1991）のモデルを原文並びに野上（2010b）などに基づき解説し，後者が示す人口構成を考慮したプロトタイプの消費関数の推定を試みた。加えて，推定された消費関数をもとに，東アジアの各国・地域の消費者の年齢別消費傾向をグラフで示した。年齢構成を考慮に入れた研究はこれまでも野上の研究のほか，年齢別消費傾向のグラフ化は植村（2011）および渡邉（2012；2013）でも示されたが，東アジアの各国・地域で包括的に示したのは，本章がはじめてであり，また各国・地域の人口構成のデータを整理し，マクロ計量モデルに組み込むための道筋をつけたことは，ささやかながら本章の貢献である。推定結果によると，日本とマレーシアとベトナムでライフ・サイクル仮説を支持する年

齢別消費傾向が示される一方，中国，タイ，インドネシア，韓国，台湾では，ライフ・サイクル仮説とは逆の逆U字型の年齢別消費傾向が示された。

　本章の第3節では，人口構成を考慮したインドネシアとタイのプロトタイプの消費関数に変数を加えることで，マクロ計量モデルに組み込み，5年後と10年後の人口構成を想定したシミュレーションを行った。シミュレーションの結果，タイについては高齢化がGDPを引き下げる結果が示された。この点については，人口の高齢化と労働力人口の低下がGDPを引き下げるとの点で，植村（2011）が中国で行った研究と同様な傾向が示された。一方，インドネシアについては慣性効果を入れた消費関数ではあまりに過大なGDPの引き下げ効果が示される一方，慣性効果ではなくダミー変数を加えた消費関数では逆に過大なGDPの押し上げ効果が示され，将来の人口構成を想定したシミュレーションは極めて不安定な推計結果を示す結果となった。こうした推計結果が出る以上，第6章のリンクモデルに組み入れていく場合，さらにモデル全体を不安定にすることが懸念されることから，別の定式化による消費関数を考えることが求められる。

　今後の課題として，人口構成に加え，世帯数の変化や東アジアの各国・地域の都市化を反映した消費関数を考慮し，マクロ計量モデルに組み込んでいくことがひとつの課題といえよう。シミュレーションではインドネシアではGDPを引き下げるないしは押し上げるいずれの場合でも過大な結果が出てしまう意味で，本章ではマクロ計量モデルを開発していくなかでの難しさを示す結果となってしまったが，改めて人口構成を考慮した消費関数を用いたモデルの再構築を検討する一方，東アジアのその他の国・地域においても，マクロ計量モデルさらにはリンクモデルに組み込んでいくことが求められる。

〔注〕────────────

(1)　マレーシアについては，70〜74歳人口を継続的に公表するようになったのは1994年以降であったことから，マレーシアのＺ1とＺ2は15〜69歳までの人口をベースに計算した。

(2)　例えば平成22年度の内閣府の「年次経済財政報告」。

(3)　2009年のベトナムの人口センサスによると，15-19歳（2017年時点で23-27歳）の階層が最も人口の多い年齢階層となっている。

(4)　例えば，松村（2015）は，ハノイやホーチミン市などの大都市中心部の街区は，オートバイや自転車しか入れないような狭い路地に4〜5階建ての戸建て住宅が密集していることを紹介している。

(5)　中国における農村から都市の人口移動には時代別に傾向があり，1990年代においては移動に関する諸制度の制約があったことから，一時的に離村するものの，いつかは帰郷する傾向が強かった（厳 2009）。

(6)　DW検定により，誤差項に系列相関がないと判断されるのは韓国のみで，そのほかの国・地域は判定保留域ないしは系列相関が認められる結果となっている。誤差項の系列相関を縮小する方法として，コクラン＝オーカット法，一般化最小二乗法，最尤法を用いて推定する方法が存在する。ただ，本節はあくまでも同じ変数を用いた同じ定式化のプロトタイプの消費関数を推定し，その推定結果を比較することに主眼を置いていることから，こうした方法を用いた推定は行わない。

(7)　参考までにインドネシアの65歳以上の人口は2010年の5.0%から2020年には6.2%になり，高齢化社会に近づく。また，タイにおける労働力人口の割合は2010年の71.7%から70.7%への低下が予測される。

(8)　本シミュレーションは筆者のみならず複数名の研究会委員で検討したが，安定した結果は得られなかった。

〔参考文献〕

＜日本語文献＞

石田正美 2016.「東アジアと ASEAN における人口構成とマクロ経済」植村仁一編『東アジアの計量分析』〔調査研究報告書〕アジア経済研究所　11-30.

植村仁一 2011.「アジア長期需要成長と人口要因──中国の事例──」野上裕生・植村仁一編『アジア長期経済成長のモデル分析（Ⅰ）』アジア経済研究所　15-39.

大泉啓一郎 2007.『老いていくアジア──繁栄の構造が変わるとき──』（中公新書）中央公論社.

─── 2011.『消費するアジア──新興国市場の可能性と不安──』（中公新書）中央公論社.

経済産業省 2010.『通商白書 2010』.

厳善平 2009.『農村から都市へ：1億3000万人の農民大移動』（叢書　中国的問題群7）岩波書店.

高安健一 2006.「台湾における個人部門の金融行動」『RIM 環太平洋ビジネス情報』6
　　(22)：4-43.
中川利香 2010.「マレーシアにおける公的債務管理の制度的枠組み」柏原千英編『開発
　　途上国と財政――歳入出，債務，ガバナンスにおける諸課題』アジア経済研究所
　　169-195.
野上裕生 2010a.「開発途上国マクロ計量モデルの歴史的展開（Ⅰ）――1970・80年代のア
　　ジア経済研究所の活動を中心に――」野上裕生・植村仁一編『アジア長期経済成
　　長のモデル分析（Ⅰ）』アジア経済研究所　1-16.
――― 2010b.「アジア長期経済成長のモデル分析に向けて――消費関数を中心に――」
　　野上裕生・植村仁一編『アジア長期経済成長のモデル分析（Ⅰ）』アジア経済研究
　　所　17-41.
――― 2011.「アジア長期経済成長のモデル分析に向けて――消費関数を中心に――」
　　野上裕生・植村仁一編『アジア長期経済成長のモデル分析（Ⅰ）』アジア経済研究
　　所　57-80.
――― 2012.「アジアの国内需要変動の計量モデル分析」野上裕生・植村仁一編『アジ
　　ア長期経済成長のモデル分析（Ⅱ）』アジア経済研究所　1-33.
古田元夫 1996.『ベトナムの現在』（講談社現代新書）講談社.
松村茂久 2015.「ベトナムの大都市における居住環境の現状と課題について」（日建設計
　　総合研究所ウェブサイト　http://www.nikken-ri.com/people/plfjb40000000jlp-att/
　　201507kukakuseiri.pdf　2017年 8 月22日閲覧）.
渡邉雄一 2012.「韓国の消費需要と人口変動のマクロ分析」野上裕生・植村仁一編『ア
　　ジア長期経済成長のモデル分析（Ⅱ）』アジア経済研究所　65-84.
――― 2013.「韓国・台湾の国内需要に関するマクロ計量モデル分析」植村仁一編『ア
　　ジア長期経済成長のモデル分析（Ⅲ）』アジア経済研究所　19-73.

＜英語文献＞
Fair, Ray C. and Kathryn M. Dominguez 1991. "Effects of the Changing U.S. Age Distribution
　　on Macroeconomic Equations," *The American Economic Review* 81(5) Dec.: 1276-
　　1294.

章末補論　Fair and Dominguez のモデル

1．プロトタイプのモデルの推定方法

ケインズ型の消費関数は

$$C = \alpha + \beta Y \tag{1}$$

で表される。ここで C は消費，Y は所得，α と β はパラメータを示す。Fair and Dominguez（1991）は，定数項が年齢構成によって変化する分析を提案する。ここで，年齢階層が n あると仮定し，j 年齢階層の人口シェアを p_j と考えたうえで，(1)の消費関数は，以下のようにそれぞれの年齢階層の人口シェアの影響を受けるものと考える。なお，ここで γ_j はパラメータを示す。

$$C = \alpha + \beta Y + \sum_{j=1}^{n} \gamma_j p_j \tag{2}$$

この定式化では，人口階層が多くなると推定すべきパラメータの数が増え，適切な推定量が得られない場合があり得る。そこで，Fair and Dominguez（1991）は(3)と(4)式で示すようなパラメータ制約を設定した。

$$\gamma_j = \gamma_0 + \gamma_1 j + \gamma_2 j^2 \quad (j = 1, 2, \cdots, n) \tag{3}$$

$$\sum_{j=1}^{n} \gamma_j = 0 \tag{4}$$

(3)式をもとに $j=1,2,...n$ の γ_j の総和を得ると，(4)より 0 に等しいことがわかる。

$$\sum_{j=1}^{n} \gamma_j = n\gamma_0 + \gamma_1 \sum_{j=1}^{n} j + \gamma_2 \sum j^2 = 0$$

この式を整理すると，

$$\gamma_0 == -\frac{1}{n}\left(\gamma_1\sum_{j=1}^{n}j+\gamma_2\sum_{j=1}^{n}j^2\right) \tag{5}$$

他方，(2)式の右辺の第3項は，(3)式をもとに，以下のように表される。

$$\sum_{j=1}^{n}\gamma_j p_j=\sum_{j=1}^{n}\left(\gamma_0+\gamma_1 j+\gamma_2 j^2\right)p_j \tag{6}$$

(5)式を(6)式に代入すると，

$$\sum_{j=1}^{n}\gamma_j p_j=\gamma_1\left(\sum_{j=1}^{n}jp_j-\frac{1}{n}\sum_{j=1}^{n}j\sum_{j=1}^{n}p_j\right)+\gamma_2\left(\sum_{j=1}^{n}j^2 p_j-\frac{1}{n}\sum_{j=1}^{n}j^2\sum_{j=1}^{n}p_j\right) \tag{7}$$

なお，人口シェア p_j の総和は1に等しいので，(7)式は

$$\sum_{j=1}^{n}\gamma_j p_j=\gamma_1\left(\sum_{j=1}^{n}jp_j-\frac{1}{n}\sum_{j=1}^{n}j\right)+\gamma_2\left(\sum_{j=1}^{n}j^2 p_j-\frac{1}{n}\sum_{j=1}^{n}j^2\right) \tag{8}$$

と表される。(8)式の右辺の第1項は年齢階層の1次式，第2項は年齢階層の2次式によって分けられ，Fair and Dominguez (1991) は，右辺第1項の括弧の内側を *Z1*, 第2項の内側を *Z2* とおき，以下のように表した。

$$\sum_{j=1}^{n}\gamma_j p_j=\gamma_1 Z1+\gamma_2 Z2 \tag{9}$$

Z1 も *Z2* もともに j 年齢階層とその割合 p_j によって算出が可能である。これを(1)式に代入すると，

$$C=\alpha+\beta Y+\gamma_1 Z1+\gamma_2 Z2 \tag{10}$$

となり，(10)式が推定式となる。なお，本文の(1)式に示すとおり，民間消費は人口で除して1人当たりの消費，所得 Y は同じように GDP を人口で除した1人当り GDP を説明変数に用いている。

2．年齢階層別消費パターンの求め方

⑽式で求まったパラメータ γ_1 と γ_2 を，各年齢階層 j とその階層数 n ととも
に⑸式に代入すると，γ_0 が求められる。γ_0，γ_1 と γ_2 を⑶式に代入すると，各年
齢階層の消費傾向（年齢分布係数）が示される。

第 6 章

東アジア地域・貿易リンクモデル

植 村 仁 一

はじめに――貿易リンクモデルとは

　本章では，「貿易リンクモデル」という言葉を，(1)狭義には各国のマクロ計量モデルを貿易関係に基づいて介して接続するモデル（方程式群，プログラム群），および(2)広義の概念的にはそのように接続した全体（多くの国モデルがまとまったシステム全体）の両方で用いる場合があるが，とくに後者の意味で，しかも今回現実に作成された全体モデルには固有名をつけ，「東アジア地域モデル」と呼ぶことにする。

　第 2 章で紹介したマクロ計量モデルは，基本的に一国の経済[(1)]を同時方程式体系で表現したシステムであり，その同時方程式（連立方程式）という数学的特性からシステム全体で一貫した解が得られるという特徴がある。このため，政策立案に際しての各種シナリオを想定したシミュレーション試験や，特定の外生ショックの各内生変数への波及効果の測定（経済予測もこの範疇に入る）などに広く用いられてきたことはすでに述べたとおりである。

　これを一歩進めてみるとある国の財・サービスの輸入は他の国の財・サービス輸出の一部であるという関係を，各国モデルを貿易を通じて接続する，というアイデアが生まれる。1970年代からペンシルバニア大学のクライン（L.R. Klein）教授を中心にこうした「世界モデル」の構築が行われてきた（「プロジェクト・リンク（Project LINK）」）。個別のモデルは各国の代表的

な研究者や研究機関が構築したものである。その後カナダ・トロント大学に拠点を移し（国連 Department of Economic and Social Affairs と共同），80ほどの国々のモデルを接続した運用が行われてきた。なお，プロジェクト・リンクでは「各国モデルにおいて諸外国の輸出入関数を含むことが実際的でない」ことから貿易連関ブロックという仕組みを導入し，その中で各国の輸出入と輸出入価格を整合的に決定している（稲田 1991）。

1．貿易リンクシステムの概要

ところで，現実の世界では，各国経済は貿易だけでなく，投資（工場を建てて操業するといった経営を行う「直接投資」と，経営を目的とせず，証券市場等での運用を目論む「間接投資」がある）や人的移動，海外送金といったさまざまなチャネルで結ばれている。ある国の労働者が別の国で海外労働者として労働力を売り（サービス輸出），対価として得た賃金を自国に送り（海外送金），自国で待つ家族がそのカネで他国からの輸入品を買う（財輸入に基づく消費），などということは日常的に行われていることであり，こうした情報はそれぞれ統計に表れてくる。

このような多種の人的・物的交流を相手国別にすべて記述し，モデルに組み込もうとするのは，データが存在し，しかも安定的な関係式が得られるという理想的な条件が満たされる場合であっても，（物理的には）不可能ではないが，考えるだけでもぞっとする作業量が発生することは想像するに難くない。

一般に貿易リンクモデルという場合，各国モデルの接続は貿易を通じた部分に特化し（Nakamura 1990, Toida, Ymaji and Uemura 1994, 樋田・山路・植村 1994, Uemura 2000；2001, 尾崎 2005など，ほとんどがこの方式である），国際間の（とくに間接）投資や送金といったカネの流れを直接的に導入することは少ない（各国モデル内でそのような変数を扱うことは考えられる）[2]。

なお本章では「貿易リンクシステム」という用語を，狭義には各国の貿易のやりとり部分を担うモデルブロックを指すように用いているが，とくに混乱を招くおそれのない場合，各国モデルすべてを含む「広義の貿易リ

ンクモデル」の意味で「貿易リンクシステム」という用語も用いている。

　われわれの開発した貿易リンクモデルは，各国間を財種別の貿易で接続することにより，貿易量そのものの変化のみならず，政策変更，条約締結等にともなう支出構造の変化など各国内で起こるさまざまなイベントがもたらす影響の他国への波及効果を測定することを目的とする。

第 1 節　リンク参加国・地域

　われわれの開発した貿易リンクモデルでは，以下の19カ国・地域（以下「対象国」という）を接続するものである。対象国にはそれぞれデータ系列の識別用ラベルを付与している。

表6-1　リンク対象国名とラベル

	国名		ラベル
1	オーストラリア	Australia	01aus
2	中国	China	02chn
3	香港	Hong Kong	03hkg
4	インドネシア	Indonesia	04idn
5	インド	India	05ind
6	日本	Japan	06jpn
7	カンボジア	Cambodia (Khmer)	07khm
8	韓国	Korea	08kor
9	ラオス	Laos	09lao
10	ミャンマー	Myanmar	10mmr
11	マレーシア	Malaysia	11mys
12	ニュージーランド	New Zealand	12nzl
13	フィリピン	Philippines	13phl
14	シンガポール	Singapore	14sgp
15	タイ	Thailand	15tha
16	台湾	Taiwan	16twn
17	米国	United States	17usa
18	ベトナム	Viet Nam	18vnm
19	ユーロ地域	Euro Area	19eur

（出所）　筆者作成。

このうち，ユーロ地域（19eur）は，以下の12カ国の合計である。

表6-2　うちユーロ諸国

		国名	ラベル
1	オーストリア	Austria	1901aut
2	ベルギー	Belgium	1902bel
3	ドイツ	Germany (Deutschland)	1903deu
4	スペイン	Spain (España)	1904esp
5	フィンランド	Finland	1905fin
6	フランス	France	1906fra
7	ギリシャ	Greece	1907grc
8	アイルランド	Ireland	1908irl
9	イタリア	Italy	1909ita
10	ルクセンブルク	Luxembourg	1910lux
11	オランダ	Netherland	1911nld
12	ポルトガル	Portugal	1912prt

（出所）　筆者作成。

　これら19の対象国・地域全体ではGDP（米ドル建て）の合計で全世界の約72％を占める（2015年・IMF）。また，ユーロ地域（19eur）は，上記12カ国の合計を一つの「国」のように取り扱い，データ加工およびモデル構築を行っているが，モデル自体はリンクシステムとの貿易のやりとりをする部分が中心となっている。すなわち消費や投資といった内需部門の定式化はなされておらず，外生値として内需全体を与える構造である。

　なお，国連Comtradeではベルギーとルクセンブルクは1998年以前は合算されたデータが公表されており，ドイツについては，1990年以前は旧東西ドイツとして公表されている。

第2節　リンクの種別と方法

　貿易を通じて各国モデルを接続する場合に限ったとしても，その構築に際してはいくつか考慮する必要のある要素がある。なお，各国モデルは需

要先決型を想定しており，従って輸入が内生変数，輸出が外生変数であることが前提とされている。

1．貿易マトリクスと貿易モデル

　貿易による接続の方法は大別して2種類ある。一つは「貿易マトリクス」を用いる方法，もう一つは「貿易モデル」を用いる方法である。前者は一種の簡便法であり，基準年時点での輸入シェア行列（貿易マトリクス）を事前に作成しておくものである。たとえばある国の相手国別の輸入シェアが「財全体」で算出してあるとする。当該国モデルで決まる「財全体」の輸入額にその係数群を乗じることにより，それを相手国の輸出，と読み換えるのである。各国についてこの操作を行えば，同じ相手国からの輸出額がそれぞれ決まっていく。最後にそれを合計することにより，「輸出国側の輸出額」が算出される。詳細な分析を行うには限界がある一方，コンセプトが単純でデータ操作もそれほど複雑にはならないため，リンクモデル初学者でも試みに構築し，簡易な分析に適用することは可能であろう[3]。

　一方，貿易モデルを用いる方法では，たとえば同じ「財全体」でも，各国の相手国別の輸入関数を推定することにより，相手国側の輸出を決める。貿易モデルを用いる方法の方がきめ細かな分析ができるという利点があるが，その分作業量は膨大なものとなる。それは構築にともなう作業のみならず，構築後の維持管理，データ更新時の関数群の再推定など多岐にわたる。

　このように，貿易モデルを用いる方法では，維持管理に労力がかかる一方で，輸入関数の推定時に採用する変数自体が分析者に任されるため，構築後に「何を（どの外生変数を）どのように変化させるシミュレーション実験を行うか」といったことまで事前に想定してモデルをきめ細かく作成しておくことができるという利点がある。

　貿易マトリクスを用いる方法を，貿易モデルを用いる方法と比較すると，前者は後者の貿易モデル部分が構造方程式を含まず，すべて輸入シェアを係数とする定義式だけで表記されているもの，ととらえられる。

2．他国とやりとりする変数

　第2章でみたように，マクロ計量モデルでは，モデルの内部でその値が定まる内生変数と，モデルの外から与えられる外生変数という区別がある。モデルの核となる GDP 定義式が消費や投資といった支出側変数群の和として与えられる「需要先決型モデル」では通常，輸出は他国（世界）の需要によって定まる（小国の仮定）とし，輸入は国内の所得や物価という要因で定まると仮定する。そこで，一国モデルでは輸出は外生変数，輸入は内生変数となる。同様に，輸出価格は各国のコスト要因で定まる部分が大きい一方，輸入価格は外的要因（為替レート，および原油や一次産品輸入国であれば，国際市場で定まるそれらの価格など）によって定まるところが大きい。従って，輸出価格は内生変数，輸入価格は外生変数として取り扱う。

　貿易リンクモデルの枠組みでこれを解釈すると，一国の内生変数として定まる輸入額は別の国の輸出額（の一部）になるし，同様に定まる輸出価格指数は，別の国の輸入価格に影響を与えるであろう。

　そこで，われわれの貿易リンクモデルでは，各国モデルに

　(1)　相手国別・財種別輸入関数
　(2)　対世界・財種別輸出価格関数

をもたせるようにしている。各国の内的要因により定まるこれら変数が，リンクシステムを通じて他国の輸出額や輸入価格に影響を与える構造である。すなわち，各国モデルからみてある特定の相手国・財種の輸入額を合計し，「その他世界」分の調整を行った額が，その相手国・財種の輸出額となる。一方輸出価格については，相手国を特定しない財種別輸出価格指数が各国モデルから出力され，それはリンクシステムを通じて各国に（相手国別の当該財種の輸入シェアに応じて）分配されるのである。

　このように，リンクモデル全体としては輸出額や輸入価格は（システム内で定まる変数であるという意味で）内生変数であるが，各国モデルから見ればこれらはあたかも自国モデルの外で定まり，外からの入力として与えられる外生変数である。

（コラム）EViews での「リンクモデル」運用について

　モデル構築に使用している EViews は，国ごとに別々に用意しているワークスペース（WS）を越えたデータのやりとりができない（正確には「マニュアルを精読してもその方法が知れない」）ため，実務上は本文中で述べたような「各国内で輸入を決める」→「それが他国の輸出を決めることになる」といった単純な話にはならない。このためデータのやりとりには外部ファイルを介する必要がある（また，必要なら途中経過のデータをファイルとして保存しておけるという利点もある）。そこで，個々の国モデル同士でのやりとりは行わず，すべて全体の制御をするための WS が仲介する構造となっている。この制御のための WS（それ自体はマクロ計量モデルをもたない）を親 WS，個々の国モデルを含む国ごとの WS を子 WS という位置付けにし，データのフローをすべて「親対子」での制約下においている。

　データフローは大まかに以下のようになっている。

(1)　親 WS からの制御で子 WS 内のモデルが解かれ，結果を WS 外のファイルに書き出す

(2)　各国 WS を巡回し，結果が出揃ったところで親 WS でそれらを集計，ファイルに書き出す

(3)　各国 WS はその内容を新たな外生条件として読み込む（親 WS からの制御）

　このくり返しにより，各国モデルが同一の条件で同時に収束することとなる。

（各国モデルからリンクモデルへ）　（リンクモデルから各国モデルへ）
　▽　財種別・相手国別輸入額　　　△　財種別・対世界輸出額
　▽　財種別・対世界輸出価格　　　△　財種別・対世界輸入価格

　その意味では今回開発した「貿易リンクモデル」というのは，第2章で解説したような個別のマクロ計量モデルとはかなりその様相が異なり，EViews の中で動くプログラム（スクリプトファイル）の集合体である。それはメインルーチン一つとそれを取り巻く30個ほどのサブルーチンで成り立っており，メインルーチンは450行程度，サブルーチン群は総計で1800行程度のボリュームをもつ。メインルーチンは親 WS を直接に支配し，子 WS 群については常

図6-1　貿易リンクシステム

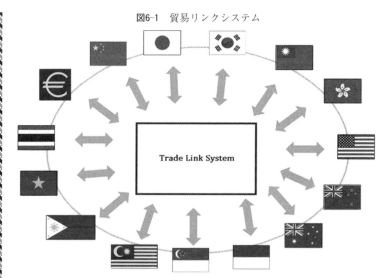

(出所)　植村（2016）「付録：プロジェクトとモデル紹介のための PPT 資料」。

　に親 WS を通してのみ介入する構造としている。データ入出力やデータ加工等もすべて親 WS 内でメインルーチンから直接呼ばれるサブルーチン群により行う（基本的にサブルーチンのネストをしていない）。

　EViews ではプログラムでエラーが出た場合，非常に素っ気ない（不親切なand/or ユーザーフレンドリーでない and/or 場合によってかなりイライラする）メッセージしか出さない。たとえばシミュレーション時に「0 で割る」「対数関数の真数が正でない」といったことが起こっても，EViews は単にその状況を知らせるだけであり，どのルーチンでそれが起きているのかはわからない。このため，一つのルーチンから別のルーチンを呼び，そこから別の…とネスティングを深くしてあると，エラーの起きた場所を特定するのが大変困難となる，という事情もある。

第3節　輸入関数の定式化

1．基本的な定式化

各国モデルは相手国別・財種別輸入関数群をもち，そこで定まる輸入額がリンクに参加する他国の輸出を決める。

ここで，輸入関数の基本的な定式化と説明変数について述べておく。各国モデルに実装される財種 g の輸入関数は以下の形である。

$$M_{i,j}^{g} \;=\; f\left[Y_j, \;\; \frac{PM_j^{g}}{PY_j}, \;\; \frac{PX_i^{g}}{PXC_{i,j}^{g}}\right] \tag{1}$$

M：相手国からの財種別輸入，Y：輸入国の国内総生産，PM：同輸入価格，PY：同一般物価，PX：輸出価格，PXC：当該市場での競争者の輸出価格

右辺の説明変数は，所得要因としての GDP，価格要因として輸入か国内調達かを決める PM/PY，および第3項は同じく価格要因として輸入の場合相手国とそれ以外のどちらを選択するかを決定するものであり，輸出国（i）の対世界輸出価格と，輸出国が輸入国（j）市場で直面する自国以外のすべての輸出者のオファー価格との比である（競争者価格については次項を参照のこと）。また，具体的な定式化例は第6節「接続とその方法」に示されている。

2．推定作業の実際

19の対象国・地域のうち，ユーロ地域以外は自国を除く18カ国地域を対象とする輸入関数を推定する。ユーロ地域については地域内貿易が無視し得ない規模であることから，自地域を含む19カ国・地域を対象とする。財種は3区分であるから，ユーロ地域以外の国モデルには

18（相手国）×3（財種）＝54

本の輸入関数が含まれ、ユーロ地域モデルには

　　19（相手国）×3（財種）＝57

本の輸入関数が含まれる。総計では

　　18（ユーロ地域以外）×54＋57（ユーロ地域）＝1029

本の輸入関数の推定が必要となる。

　輸入関数の推定にあたっては EViews のスクリプトによる自動化を試み、上記定式化を基本として追加的に被説明変数の1期ラグ項を説明要因に加えるか否か、および、両辺の各変数の変数変換（線型（無変換）、対数線型、階差、対数階差）の組合せを行い、符号条件と統計的有意性の両方を満たすものを自動的に選別することとした。

　なお、被説明変数と所得変数（および被説明変数のラグ項）は常に同一の変数変換を行うこととし、二つの価格指標は被説明変数と同期および1期ラグ項から選択、さらに一つ目の価格指標は国内価格との相対価格をとるか輸入価格そのものにするかの選択を行うようにした。

　これにより、1本の輸入関数（相手国・財種）について、

　　⑴　被説明変数と所得項の変数変換（線型、対数線型、階差、対数階差）
　　⑵　一つ目の価格指標（相対価格、絶対価格）
　　⑶　一つ目の価格指標（同期、1期ラグ）
　　⑷　一つ目の価格指標の変数変換（線型、対数線型、階差、対数階差）
　　⑸　二つ目の価格指標（同期、1期ラグ）
　　⑹　二つ目の価格指標の変数変換（線型、対数線型、階差、対数階差）
　　⑺　被説明変数のラグ項（導入、非導入）

　　だけの組合せが想定される。その数は

　　$4 \times 2 \times 2 \times 4 \times 2 \times 4 \times 2 \quad = \quad 1024$

通りあることになる。この中から符号条件および有意性を満たす関数群を抽出し、最終的には係数群の最小 t 値が一番大きいものを選択した。また、個別モデルでのパフォーマンスをみながら、実際には上で選ばれたものを無批判に組み込むことはせず、各種指標などを参考に適宜入れ替えを行っ

ている。

　なお，1024通りのうちに条件を満たすものが一つもない場合もみられる（統計的有意性の条件を厳しく設定した場合に起こるほか，国と財の組み合わせによってはデータが不安定な動きをしていることによるなど，いくつかの場面で発生している）。このようなケースについては，その相手国・財種に関する輸入関数はモデルに導入せず，当該変数はモデルでは事実上の外生変数扱いとする（実際には定義式を入れることによってみた目は内生変数として扱われるが，仮にシミュレーション実験を行ってもそうした変数の値は何ら影響を受けない）。

　　（参考）マレーシアの日本からの財別輸入関数推定の場合

　　「輸入関数自動推定」プログラムにより，各説明変数の符号条件を満足した定式化の数と，t 値によって選択（係数の最小 t 値が最大のもの）された定式化は以下のとおり。これらがモデルに実装される。

　　「素材」区分では（上で述べた1024通りの定式化のうち），6 個が符号条件を満足している。このうち，定数項を除くパラメーターの t 値の最小値が最大のものが以下の定式化である（以下の左辺の変数名の「m」は輸入，「b」は BEC 分類を表し数字は区分 1 （素材），2 （中間財）および 3 （最終財）を表す。末尾の 3 文字は相手国の国コードである）。

$$\Rightarrow \quad dlog(mb1jpn) = f[dlog(gdp),\ d(pmb1lc/pgdp),$$
$$jpnpxb1(-1)/jpnpxcb1(-1)]$$

「中間財」区分では同様に，45個の候補の中から以下が選ばれている。

$$\Rightarrow \quad log(mb2jpn) = f[log(gdp),\ pmb2lc,$$
$$log(jpnpxb2/jpnpxcb2)]$$

「最終財」区分では，79候補から以下が選ばれている。

$$\Rightarrow \quad log(mb3jpn) = f[log(gdp),\ pmb3lc,$$

$$\log(\text{jpnpxb3/jpnpxcb3})]$$

　日本以外の相手国についても同様に選択し，最終的に「外生」
扱いすることになった系列は以下の2変数（対カンボジア最終財輸
入および対台湾素材輸入）である。

　　　⇒　mb3khm

　　　⇒　mb1twn

　これらはモデル内に書き込まなければ純粋な外生変数扱いにな
るが，プログラムの関係上以下のように「みた目上の内生変数」
として導入しておく。

mb3khm = mb3khm

mb1twn = mb1twn

　モデル内でこれらの変数はシミュレーションの各段階でも他か
らの影響は皆無であるため，内生変数として出力されるものの，
常に同一値を示す。これが「事実上の外生変数」＝「みた目上の
内生変数」という言葉の意味である[4]。

第4節　貿易財の区分

　各国モデルを相互接続する際の対象とする財（または財・サービス）をど
の程度の集計度合いとするか，という点がまず考えられる。各国モデルは
需要先決型であるから，モデルの根幹部分は国民所得統計（実質）を取り扱
う設計になっている。

1．リンクの対象とする変数と財区分

　アジア経済研究所で過去に構築した（計画も含め）貿易リンクシステムで
は，貿易を以下のいくつかの方法で接続するやり方を考案してきた。

　⑴　国民所得統計上の輸出入で接続

　(2)　財輸入全体と財輸出全体で接続

　(3)　財の種類別に輸出入を接続

　このうち(1)は最も簡易なアプローチであり，各国モデルの（リンク接続用）変更が最小限に抑えられるが，その代わりに大まかな分析しかできない。ここでは，各国モデルでは財・サービスを含む国民経済計算上の輸入を（積み上げではなしに）直接推定していると想定する。

　まず，各国モデルで内生的に定まる国民経済計算上の輸入（実質）に輸入デフレータと為替レートを作用させることによって名目・米ドル建て輸入を作成する。その数値に当該国の相手国別輸入シェアをかけて相手国の当該国向け・米ドル建て輸出が決めるとするものである。これを各国について行い，足し上げることで相手国の対世界・米ドル建て輸出が決定される。

　相手国側モデルでは，この対世界・米ドル建て輸出に為替レートおよび輸出デフレータを作用させることにより，実質・自国通貨建て輸出が外生変数として与えられることとなる。

　なお，ここで使用する為替レートは各年の値ではなく，基準年時点の値を用いる（その理由については「補遺　第6章　ドル建てと各国通貨建て」を参照）。

　ここでは非常に単純化しているが，国民所得統計上の輸出入は財・サービスを含んだものであるため，実際には輸出入それぞれについて，もう一段階ずつ調整が必要となる。それが(2)である。この方法の場合も，各国モデルでは国民経済計算上の輸入を直接推定しているとする。つぎに，財輸入（実質）を国民経済計算上の輸入（実質）で説明するような「統計式（ほぼ定義式とみてよい推定式)」を通じて財輸入を決める。この統計式は，財とサービスの割合が大きく変化しないことを前提とし，たとえば

$$財輸入 = f\,[国民経済計算上の輸入] = \alpha + \beta\ 国民経済計算上の輸入$$

といった簡単なものでよい。こうして決まる財輸入（実質）をドル建てに変換し，貿易マトリクスを作用させる部分は上と同一である。その結果，相手国側の対世界・米ドル建て・財輸出が決まる。外生変数としてこれを受

け取った相手国側では上とは反対に，

$$国民経済計算上の輸出 ＝ \alpha + \beta 財輸出$$

といった統計式をあらかじめ導入しておくことにより，双方とも財貿易と国民経済計算上の財・サービス貿易とを接続することができるようになる。

　これら二つの方法は，各国モデル自体は専用のソフトウェアを使用するにしても，少し工夫すればリンク部分はエクセルでも実現できる。ただ，一段階ごとに定まる新しい外生変数を各国モデルに戻し，新たな条件の下での輸入を求め，それを改めて貿易マトリクスで処理，という操作が必要になるため，値が収束するまで何回か同じ作業を繰り返さなくてはならない。単純ではあるが，国の数が増えると手作業では困難な方法である。

　さて，上の2例は輸入全体でみるものであったが，(3)では財の種類別に輸入関数を備えた各国モデルが必要となるため，作業量は大きくなるが，その分きめ細かい分析ができるようになる。財はなるべく細かく分類したほうがきめ細かさが確保でき，詳細な分析ができるようになる（と考えられる）反面，実際はあまり分類を細分化し過ぎると貿易データが安定しなくなるため，ある程度以上の集計データを用いるのが現実的である。国連 Comtrade データベースでは3種類の商品分類（SITC，BEC，HS）が利用可能であるが，それぞれ以下のような特徴がある。

2．SITC 分類

　ひとつの分類方法は国連による標準国際貿易商品分類（Standard International Trade Classification: SITC）に従うものである。これは貿易財の属する産業ごとの分類である。

　SITC コードは Revision（Rev）1から Rev.4まであり，Rev. 数字の小さいほうがより古い年代に適用されている。また，基本分類は1桁から5桁までのコード付けがなされており，国連のデータベース（Comtrade）はこの分類に従ったデータ検索・利用が可能である。SITC の左1桁目を大分類と呼び，それぞれ以下を表している。

表6-3　SITC　1桁目分類

一桁目	区分
0	食料品及び生きた動物
1	飲料及び煙草
2	非食用原材料（鉱物性燃料を除く）
3	鉱物性燃料、潤滑油及びそれらに類するもの
4	動物性又は植物性油脂
5	化学工業品
6	原料別製造業品
7	機械類及び輸送用機器
8	雑製品
9	特殊取扱品（上記0-8以外）

（出所）　筆者作成。

　この1桁目で分類すれば，0，1，2および4が一次産品とその加工品，3が石油製品，5-8が製造業品，9が特殊品となる。分類9は微小部分であるため分類5-8と統合され，しばしば，SITC 0124，SITC 3，SITC5-9という分類でそれぞれ一次産品，石油製品，製造業品と区分されることがある。これらを合計したものが「財全体の輸出入」ということになる。

　また，こうした集計をせず，10分類そのままでの分析も考えうるが，貿易リンク関連でのそういった分析例は筆者は寡聞にして知らない。

3．BEC分類

　一方，貿易財の加工段階に着目した分類もある。これも国連のBroad Economic Categories（BEC）分類に従うが，この分類では貿易財を産業別の区分ではなく，その加工段階に着目し「原材料」「中間財」「最終財」の3種別に分類するもので，SITCのRev.3に基づく変換表が国連により提供されている。これによれば，貿易財は以下の3カテゴリー（5サブカテゴリー）に分類される。

表6-4 国連 BEC 分類表

大区分	中区分	BEC コード	BEC タイトル
素材		111	生鮮飲食物，主に産業用
		21	素材
		31	燃料
中間財	加工品	121	加工飲食物，主に産業用
		22	加工品
		32	加工燃料
	部品	42	資本財部品（輸送用機器を除く）
		53	輸送用機器部品
	資本財	41	資本財（輸送用機器を除く）
		521	産業用のその他輸送機器
最終財	消費財	112	生鮮飲食物，主に家計消費用
		122	加工飲食物，主に家計消費用
		51	乗用車
		522	その他非産業用輸送機器
		61	耐久消費財
		62	半耐久消費財
		63	非耐久消費財

（出所） RIETI 資料より筆者作成。

4．HS 分類

　残るひとつは，世界税関機構（World Customs Organization: WCO）が管理する「商品の名称および分類についての統一システムに関する国際条約」に基づく商品分類品目表（Harmonized Commodity Description Coding System: HS）による分類である HS コードである。日本語では「輸出入統計品目番号」あるいは「税番」などと呼ばれるもので，すべての貿易対象物品に固有番号を振り，関税率の決定に用いられる。

　なお，本書ではこの商品分類は利用していないため詳細は省略する。

第5節　競争者の輸出価格

　現バージョンのリンクモデルでは，財区分を一次産品，石油製品，製造業品といった産業別の区分をとらず，国連がBEC分類として公表している素材，中間財，最終財という財の加工段階に着目した分類としている点が一つの特徴である。

　もうひとつの特徴は，各国の財別・相手国別輸入関数に，輸出国側の「競争者」の存在を明示的に導入した点である。

　輸入関数の定式化では，説明変数として所得要因および価格要因の両方を導入することが一般的に行われる。輸入というのは海外からの財（・サービス）の購入であるから，輸入国側の所得の多寡によりその数量は変化する。一方，輸入財（・サービス）の価格もその数量に影響を与える要因であるが，これには複数の意味合いが含まれる。

　ひとつは国内財価格との比較によって海外から調達することの「割安感」を表す意味合いである。当然，国内調達が不可能な財に関しては輸入に頼るほかに調達手段はないわけではあるが，その場合は国内財価格との比較ではなく，当該財の輸入価格（輸出国側のオファー価格）の変動が調達数量に与える影響をみることとなる。

　もうひとつは，輸入する場合の調達先の選択である。同一品質の同一財を輸出する国が複数あり，そのオファー価格が異なれば輸入者は価格の低いほうを選択すると仮定する。輸出国側のオファー価格は輸出国の国内事情で定まるとしてあるので，各国は輸出価格を世界（ここではリンクシステムの共有情報として）に対して公開する。輸入国側では当該相手先のオファー価格と，それ以外すべて（つまりそれが「競争者」の定義である）のオファー価格とを比較し，輸入量決定のための情報とするが，その際，輸入国は自国の基準年における輸入シェアに基づいて各国のオファー価格を加重平均したものを競争者のオファー価格と位置づけるとする。

　具体的には，財種gに関する輸入国（j）市場における輸出国（i）の競争者のオファー価格を以下の式で定義する。

$$PXC^g_{i,j} = \sum_{k \neq i,j} \left[\frac{a^{g0}_{kj}}{1 - a^{g0}_{i,j}} \right] PX^g_k$$

ここで，gは財種を表し，右辺最終項kは国の輸出価格（対世界），括弧内の a^{g0}_{kj}は輸入国（j）の基準年における財種gの相手先kからの輸入シェアである。参考として，マレーシアの中間財輸出価格（対世界）と，マレーシアが日本市場で直面する他の競争者の中間財輸出価格を下の表に掲げておく。

表6-5 （例）マレーシアの対世界輸出価格と、日本市場で直面する競争者価格（中間財）（一部）

Year	Mys PXB1 (1)	Mys PXCB1 jp (2)	比率 (1)/(2)
1988	0.97712	0.15763	6.19870
1989	0.9043	0.43417	2.08284
1990	0.91675	0.44214	2.07343
...	...	...	...
2003	0.94884	0.56947	1.66617
2004	0.99804	0.6357	1.56998
2005	1.08974	0.67794	1.60743
2006	0.75499	0.74787	1.00952
2007	1.03474	0.83765	1.23529
2008	1.27065	1.02813	1.23589
2009	0.91319	0.90105	1.01348
2010	1	1	1
2011	1.37023	1.16701	1.17414
2012	1.35216	1.1277	1.19904
2013	1.27927	1.06508	1.20111

（出所） 筆者による計算。

これらの価格比が，前項および次項に示される輸入関数の定式化で説明変数の第3項として現われる（表の第3列）。

（価格比）　　　　　　　　Mys_PXB1/Mys_PXCB1_jp

　具体的には，2010年を基準として2011年にはこの比率が1.174と1を上回っていることから，マレーシアは競争者よりも割高な価格をオファーしている，と読むことができる。このとき，日本はマレーシアからの中間財輸入を手控え，競争者からの輸入を増大させる，というのがこの定式化の含意である。

第6節　接続とその方法

1．各国モデルの「ソケット」部分

　各国モデルを貿易関係で接続するためには，当然その接続部分（ソケット）となる仕組みが各国モデル側に必要となる。一般に需要先決型モデルでは，各国モデルでは輸入（額）および輸出価格は内生変数として決定され，輸出（額）および輸入価格は外生変数として扱われる。

　このため，各国モデルは以下のようなリンケージを完成するためのソケット部分をもっている。

各モデルで決まる		リンクシステムで決まる
(1)　輸入　──────→	リンクシステム	──────→　各国の輸出
(2)　輸出価格　────→		──────→　各国の輸入価格

　ごく単純化していえば，各国の輸入額を相手国別に合計したものが相手国側の輸出額となり，各国の輸出価格を相手国の関係国別輸入シェアで加重平均したものが相手国側の輸入価格となって相手国モデルの外生変数として使われる。

　また，総計額を対世界全体とするため，「その他世界」にかかわる情報を（リンクシステム全体の）外生条件として保持しておく必要がある。

2．リンクシステムに引き渡す部分

　　（相手国別輸入）→相手国の「輸出」

（対世界輸出価格）→貿易相手国へのオファー価格（相手国の輸入価格を決める情報）

3. リンクシステムから受け取る部分

（各相手国の自国からの輸入額）＋（自国のその他世界向け輸出）
→自国の「輸出」
（各相手国の輸出価格）→自国の輸入に占める相手国のシェアで按分して「輸入価格」に

このほか，各国の輸出価格はそれぞれ相手国にそのまま受け渡される（第3節「輸入関数の定式化」で紹介した(1)式で使われる）

4. 各国モデルの構造

このリンクモデルでは，アジア経済研究所を含む研究機関等で広く行われてきた国際間の「財の流れ」に加え，「価格の流れ」も明示的にモデル内に表現しているところが一つの特徴であり，価格の流れを二つのチャネルから各国モデルに取り入れようという試みを行っている。

第3節「輸入関数の定式化」でも触れたとおり，一国の内部事情で決まる輸出価格の変動を他国の輸入価格の一部として直接的に取り込む一方，その同じ一国の輸出価格は，輸入国側の市場で他の輸出者（当該市場における競争者）の輸出価格との競争にさらされる，という間接的な波及効果も取り入れる工夫を行っている。

5. 定式化の具体例

財別・相手国別輸入関数の定式化は一般的には第3節でみたとおりであるが，ここでは具体例を示しておく。定式化はすべての財種および相手国について基本的に同一である。ここでは，「日本（Jpn/jp）のマレーシア（Mys/

my）からの一次産品（B1）輸入（M）」で説明する。なお，変数名の語頭
（報告国）および語尾（相手国）の国コードにはアンダーバー（_）を付し
てある。

$$Jpn\_MB1\_my = f \left[Jpn\_GDP,\ Jpn\_PMB1/Jpn\_PGDP, \right.$$
$$\left. Mys\_PXB1/Mys\_PXCB1\_jp \right]$$

（変数名）

  Jpn_MB1_my：日本のマレーシアからの第1財種（原材料）輸入額
      （実質）

  Jpn_GDP：日本の GDP

  Jpn_PMB1：日本の第1財種輸入価格（対世界）

  Jpn_PGDP：日本の国内物価

  Mys_PXB1：マレーシアの第1財種輸出価格（対世界）

　変数名の頭についた国コード（3桁）はその主体となる国を表し，末尾に
ついた2桁のコードは対象国を表す。明らかなものや対世界の場合にはこ
れらコードがつかない場合がある（実際，日本モデル内では語頭の Jpn はつい
ていない）。また，財種を表すコード（ここでは B1）は国連 BEC 分類別を示
す（1：素材，2：中間財，3：最終財）。なお，2番目の説明変数で，分母
には本来日本の第1財種価格（変数名にすれば Jpn_PDB1 となろう）を用いる
べきであるが，単純化のために国内財すべてを対象とした GDP デフレータ
で代用している（各財種とも）。この定式化は，輸入者の当該国からの輸入
量を決定する要因として，最初の説明変数が輸入側の所得効果，2，3番
目の変数は調達先の選定（国内か海外か：2番目，および当該国かその他競争
者か：3番目）を表すものとなっている。

　全体ではこのような財種別・相手国別輸入関数を各財種・相手国別に有
するモデルであるため，3番目の変数の分子に「関税」と読み替えられる
変数[5]（デフォルト状態では1が入っているダミー変数）を乗じることにより，
「ある国からのある財種のみ」に対して優遇（減税）あるいは冷遇（増税）
措置を与えるシミュレーションをすることが可能である。より広く考えれ
ば，ある複数の国で構成されるグループ間でのみ相互に輸入減税し，非グ

ループ国との差別化を図る（相互互恵あるいは自由貿易協定）といった政策を行った際のグループ・非グループ国それぞれへの効果を測定することができるシステム設計となっている。

さらに，特定の国からの輸入にのみ懲罰的な関税引き上げを行う（相手方は必ずしもこちらからの輸入に報復的な高関税をかけるとは限らない）といった非対称な場合についても分析可能である。

第7節　活用の方法と実際

リンクモデルでは，各国の輸入が他国の輸出を直接的に決定するが，一方，各国の輸出価格は他国の輸入価格への直接的な影響に加え，特定の国に対する競争者の輸出価格の形成にも寄与している。従って各国モデルで内生的に決まる輸出価格の変化は，複数の経路で他国の輸入行動に影響を与えることになる。

ここでは，FTA や EPA といった一部の国の間でのみ発効する協定を輸出価格を通じてモデルに組み込む工夫を紹介する。

第3節でみたとおり，各国の輸入関数は基本的に以下の定式化がなされている[6]。

$$M_{i,j}^{g} = f\left[Y_j, \ \frac{PM_j^g}{PY_j}, \ \frac{PX_i^g}{PXC_{i,j}^g}\right]$$

M：相手国からの財種別輸入，Y：輸入国の国内総生産，PM：同輸入価格，PY：同一般物価，PX：輸出価格

この右辺第3項を以下のように変更する。

$$\frac{\left(1 + \tau_{ij}^g\right)PX_i^g}{PXC_{i,j}^g}$$

ここでτ_{ij}^gは，輸入国（j）が財種gについて相手国（i）に課する附加的な

障壁を表し，デフォルト状態ではすべて 0 が入っているものとする。

　今，ある一部の国の間で自由貿易協定（FTA）が締結され，財種 g についてはその参加国間のみで関税を引き下げ，協定に参加していない国についてはとくにそうした便宜を図らないとする。この場合，参加国相互ではこの変数に負の値（たとえば−0.5 など）を外生的に与え，非参加国に対してはそうした措置をとらないとすると，この外生ショックは「協定参加国同士ではオファー価格が引き下げられる」と読み替えられる。

　反対に，一部の国の集団が，ある国に対して経済制裁を与えようとする場合，集団に属する国の障壁変数に正の値（たとえば 0.5 など）を外生的に与える。この場合は，当該国からのオファー価格が相対的に引き上げられた状態となり，結果として当該国からの輸入は減少する方向に動くであろう。

　さらに，複数国で FTA などの協定を結ぶ際，経済的に「体力」の劣る後発国に先発国と同条件で関税引き下げなどを求めるのは却って悪影響がもたらされることが想定される。このような場合，後発国のみは関税引き下げのスケジュールを遅らせ（つまり保護貿易を徐々に解いていかせる），先発国は一気に関税を引き下げる，といった各国の体力に合わせたスケジューリングを含むシミュレーションも可能である。

1．リンクモデルを用いたショック試験

　第 2 章（第 9 節「活用の方法と実際」）では，単体でのタイモデルを用いたシミュレーション実験の例として，

　　(1)　タイの財政支出増
　　(2)　米国の財政支出増

がタイの GDP，民間消費および輸入に与える影響を計測するための外生条件の設定方法を，いくつかの異なる方法で紹介した。とくに後者については，米国の財政支出の増分を

　　(1)　単純に輸入シェアで分配してタイモデルへ

(2) いったん外生ショックとして米国モデルに与え，そこからのモデル解による輸入増を介してタイモデルへ

という二通りのやり方をみてきた。

　本節では，貿易リンクモデルを用いて同様のシミュレーション実験を行い，一国に起こる変化がリンク参加国全体へ波及することを示す。

■米国の財政支出増がタイ経済に与える影響

　はじめに，第2章第9節「活用の方法と実際」でみたのと同じ条件でリンクモデルを稼動させてみる。ただし，今度の実験では外生ショックを与えるのは米国モデルであってタイモデルにはとくにショックを与えることはしない。

　以下に示すのは第2章に提示したものと同じ表（一部）である。

表6-6　米国の政府消費及び投資

(単位：10億ドル)

	政府消費	政府投資	計
2010	2,522.2	651.8	3,174.0
2011	2,453.4	586.1	3,039.5
2012	2,416.3	561.4	2,977.7
2013	2,362.3	537.9	2,900.2
2014	2,355.8	534.9	2,890.7

(出所)　筆者作成。

　第2章の実験と同様，米国の政府支出をたとえば2010年に倍増させる。この3兆1740億ドルは米国のGDP定義式にそのまま足し上げられる。2011年以降については何もショックを与えない。

　この条件を与えたうえでリンクモデルを稼動させ，何もショックを与えていない値（ベースケース値）と比較したものが次の表である。タイのGDP，民間消費，総輸入への影響は非常に小さいものとして現れている（が，0ではない）。

表6-7　米国モデルに与
える「政府支出
ショック変数」

	G_SHOCK
2010	3,174
2011	0
2012	0
2013	0

（出所）　筆者による推計。

表6-8　タイの内生変数に現れる影響

（%）

	GDP	CP	M
2010	0.0034	0.0014	0.0024
2011	−0.0004	0.0006	0.0010
2012	−0.0002	0.0002	0.0004
2013	−0.0001	0.0001	0.0001

（出所）　筆者による推計。

表6-9　比較的大きな影響を受けた国

		khm							usa
GDP	2010	0.02							17.41
	2011								−0.07
	2012								−0.05
	2013								−0.04
素材輸入									usa
	2010								4.12
		vnm							usa
中間財輸入	2010	0.02							33.03
	2011								1.71
	2012								1.32
	2013								0.94
									usa
	2010								53.02
最終財輸入	2011								−0.13
	2012								−0.12
	2013								−0.12
素材輸出		chn	khm	vnm					
	2010	0.01	0.02	0.02					
中間財輸出		ind	khm	kor	phl	tha	vnm		
	2010	0.04	−0.1	0.02	0.06	0.02	0.01		
最終財輸出		chn	idn	ind	khm	phl	tha	vnm	
	2010	0.38	0.01	0.03	0.38	0.97	0.08	0.05	
	2011				−0.06				

（出所）　筆者による計算。

同じ米国の財政支出増によって比較的大きな影響を受けた各国の変数を
表6-9に示す。米国自体の変数には当然に大きな数値が出ているほか，その
他リンク参加国でも財種別輸出入が影響を受ける。

第8節　必要となるデータ群

　前述のとおり，貿易リンクシステムでは接続するための貿易財の区分が
いくつか考えられる。しかし，区分をあまり細かくしすぎるとデータ系列
やそれに基づいて推定された関数の挙動が不安定になる一方，「財全体」と
いうような集計されたデータでは細かい分析ができない。従ってある程度
の折衷点を見いだしていく必要がある。今回開発したリンクシステムおよ
び各国モデルでは，貿易財を国連 BEC 分類の大区分に従い，「素材」「中間
財」「最終財」の3種で取り扱っている。
　なお，実際のデータ取得および加工においては，中区分（5種）でもデー
タを準備している。プログラム上大きな変更が不要なこともあるが，今後
のシステム拡張を見据えたためもある。ただ，この中分類データは，上述
のとおりカテゴリーごとの対象品目（すなわち対応する SITC コード）が少な
くなるため，国・年によってはデータが非常に不安定になる場合が散見さ
れている。たとえばオーストラリアの例では，最終財を資本財と消費財に
分けた場合，資本財では（二年にわたり同一の商品コードがある）対象品目が
少なく，輸出入価格指数の計算ができなかった。
　具体的には1993年と1994年の間では輸出価格が計算できるものの，つぎに
同指標が計算できるのが2000年となるなど，実用上は2000年以降しかないの
と同じことになっている。

1．国連 Comtrade データベースの概要

　国連が公表している UN Comtrade Database では大半の国連加盟国の財別
輸出入統計が，相手国別，品目別に収録されている。貿易データは第4節

「貿易財の区分」で概観した SITC，HS，および BEC 分類での提供がなされている。このうち，SITC は改定段階のちがいで Revision（Rev）1 から Rev.4 に分かれ，HS も1988年から数年おきに 6 回の改定が行われている。

　SITC 分類では，最小分類の品目に 5 桁のコードが与えられ，集計の段階に応じてコードの桁数が減じていく。SITC の 1 桁レベル（最高桁の数字 0 - 9 が同一の品目すべての合計）では，0：食料品および動物，1：飲料・たばこ，…，9：特殊品，となり，1 桁レベルで 0 ，1 ，2 ，4 を一次産品，3 を石油製品，5 ，6 ，7 ，8 （，9 ）を製造業品という扱いをすることがよく行われる。

　HS 分類は関税に関する財分類であり，最小品目コードは 9 桁と細かい（ただし日本の場合。最小品目コードの桁数は国によって異なる）。しかしこの分類では1988年以降のデータしかなく，それより過去の貿易データへのコード附与作業はなされていないため，時系列的には比較的短いものとなる。

　BEC 分類は国連が独自に SITC 分類の品目分類を基に財の加工段階別に集計し直したものであり，第 4 節「貿易財の区分」の国連 BEC 分類表に従う。Comtrade データベースでは1995年以降のデータが利用可能であるが，貿易額を BEC 分類に従って集計した結果が与えられている（数量情報はこの時点で失われている）。

　一方，SITC，HS のいずれについても（集計されない）最小品目までたどれば，貿易額に加えてその数量も記載されているため，単位価格（Unit Value）の算出が可能となる。品目ごとの単位価格が得られていれば，改めて再集計することで財種別，財全体といった区分での輸出入価格の算出が可能である。この意味で，BEC 分類でのデータ提供は金額の集計情報のみであるため，価格指数が必要となるわれわれの作業では直接的な利用価値がない。

2．Comtrade データベースの利用

　このデータベースはオンラインでの検索サービスが充実しており，一度の検索で最大 5 万レコードのデータ要求・収集ができる。これはたとえば，参照国「日本」の相手国「対世界」「SITC-Rev.3（R 3 ）」の全品目（SITC 1 桁

～5桁レベルすべて)」の「輸出と輸入」「5年分」強に相当する。

　国連ではR3とBECとの対照表（3121品目）を公表しており，これを用いてSITCの最小品目分類をBECの5または3分類に改めて分類することができる。

　R3は1988年以降のデータのみ収録されているため，モデルの基本的分析期間である1988年から2013年についてデータ抽出しようとすると，相手国ごとに5～6回の要求を行う必要がある。なお，最初からBEC分類で集計されたデータも提供されているが，集計されたデータからでは価格指数系列の算出ができないため，最小品目まで抽出しておく必要がある。このため，SITC-R3で収集する[7]。

　なお，国連ではComtradeデータベースは世界の貿易について，2016年に額でみて全体の92.4％をカバーしたとしている（国連HPより）。

　各国について，1988～2014年の財種別，相手国別にSITC-Rev. 3の最小品目データを抽出し，以下のデータ群を作成し，リンクモデルの用に供する。

　(1)　輸出入額
　(2)　輸出入価格指数
　(3)　競争者のオファー価格
　(4)　リンク参加国の各国向け輸出価格

このうち，(3)は輸入国側からみた輸出国側の競争者の存在を明示的に導入するものであり，(4)はある国の輸出価格が他の構成国の輸入価格に影響を与える構造とするための工夫である。

（コラム）台湾データの取り扱い

　台湾は国連に加盟していないため，国連Comtradeデータベースには明示的に「台湾」という分類は存在していないが，報告国（Reporting Country）としても相手国（Partner Country）としても，Other Asia, n.e.s.という分類

（その他アジア，他に分類されないもの）が存在する。ちなみに，一般的に「アジア」に分類されるとみられる国には，当然モンゴルやブルネイ，カザフスタン，マカオ，北朝鮮なども個別系列として入っており，ここで Other Asia が何をさしているのかはわからない。また，試みにデータベース検索の条件を報告国，相手国双方ともに Other Asia を選択した上で輸出入データを抽出しようとすると1件も出てこない（2000年〜2010年）。このような結果となるのは報告国＝相手国（しかも単独の経済）であると考えられ，実は Other Asia という区分が台湾経済のみを示しているのではないかという，国連の苦肉の策のようなものが見え隠れしてくる。

　そこで，Other Asia を報告国として対世界輸出入を抽出したものと，台湾側のデータ（経済部国際貿易局：Bureau of Foreign Trade）の同じものを比較してみると次のようになる。

表6-10　（参考表）台湾側統計と Comtrade の比較（対世界・財輸入全体）

	(mil.US$)		誤差率（％）
	台湾側	Comtrade	
2000	140,005	139,991	−0.01
2001	107,232	107,228	0
2002	112,523	112,522	0
2003	127,246	125,836	−1.11
2004	167,883	166,400	−0.88
2005	181,600	181,592	0
2006	201,593	202,686	0.54
2007	218,227	219,667	0.66
2008	239,449	240,678	0.51
2009	173,541	174,943	0.81
2010	250,541	251,315	0.31

（出所）　筆者作成。

　これをみると，その差はごく僅かであり，Comtrade データベースの Other Asia という分類は，ほぼ台湾をさしているものとみて差し支えないものと考えられる。以上のような理由から，本書ではとくに断りのないかぎり，台湾の貿易（報告国および相手国の総額・財種別とも）は Comtrade の Other Asia, n.e.s.をそれとみなして使用している。

第9節　データ準備手順

1．SITC コードから BEC 分類への変換

国連が提供している Conversion Table（下記：部分）を用いることで，SITC -Rev.3の品目（3121品目）が第4節に示した「国連 BEC 分類表」と対応づけられる。

計算作業には Excel VBA を用い，Comtrade データ（Excel ファイルで提供される）に対応する BEC コードを割り当て，その後相手国別・BEC コード別の集計をしている。なお，総額は別にラベル付けしておき，BEC コードが付けられたものの総和との差額を「その他」と分類する。

表6-11　SITC-R3と BEC の変換表

no.	SITC-R3	BEC.	no.	SITC-R3	BEC
1	C00111	41	⋮	⋮	⋮
2	C00119	111	3079	C89994	22
3	C00121	111	3080	C89995	62
4	C00122	111	3081	C89997	62
5	C00131	41	3082	C97101	22
6	C00139	111	3083	C97102	22
⋮	⋮	⋮	3084	C97103	21
⋮	⋮	⋮	＝＝＝end of file＝＝＝		

（出所）　筆者作成。

2．輸出入額の算出

輸出入額については，Comtrade データベースより相手国別，品目別に抽出したものを，BEC 分類に従って改めて集計する。

3．作成手順

Comtrade データベースではデフォルトで HS, SITC と並び，BEC 分類で
のデータ抽出もできるようになっている。しかし，データ開始年が1995年
と短いことやデータ欠損があること，さらに価格指数を算出する必要上，
金額による集計データからは数量情報が得られないことから，SITC-R 3 分
類でデータを収集し，上記 Conversion Table を用いて BEC 分類に基づく時
系列データをつくる。

4．輸出入額の例，中国の財種別輸出入

例として，このように集計された中国の財種別輸出入を示す。左の列か
ら財種1（素材），財種2（中間財），財種3（最終財），総計となっている。

表6-12　中国の財種別輸出入

（輸入：対世界、百万米ドル、名目）（一部）

Year	Imp1 mb1wldv	Imp2 mb2wldv	Imp3 mb3wldv	Imp0 mb0wldv
1988	n.a.	n.a.	n.a.	n.a.
1989	n.a.	n.a.	n.a.	n.a.
1990	n.a.	n.a.	n.a.	n.a.
1991	n.a.	n.a.	n.a.	n.a.
1992	10,218	46,759	23,596	80,585
1993	8,145	56,118	35,978	103,959
1994	11,303	62,368	41,933	115,614
1995	14,249	73,890	41,132	132,083
1996	17,425	76,945	40,569	138,833
1997	20,704	85,491	33,224	142,370
1998	14,804	89,212	33,593	140,237
1999	19,700	103,238	39,855	165,699
2000	40,595	134,478	49,642	225,094
2001	39,751	142,954	60,397	243,553
...				

（輸出：対米国、百万米ドル、名目）（一部）

Year	Exp1 xb1usav	Exp2 xb2usav	Exp3 xb3usav	Exp0 xb0usav
...				
2000	945	11,898	38,956	52,156
2001	663	13,304	40,198	54,355
2002	676	17,029	52,064	70,050
2003	728	22,296	69,219	92,626
2004	1,312	32,014	91,061	125,149
2005	1,459	42,972	117,820	163,180
2006	1,711	57,473	142,985	203,801
2007	1,487	60,349	152,856	233,169
2008	2,495	69,422	161,928	252,844
2009	1,044	51,301	151,807	221,295
2010	1,291	69,425	191,037	283,780
2011	1,487	85,738	214,541	325,011
2012	1,415	92,465	233,696	352,438
2013	1,378	96,427	244,599	369,064

（出所）　筆者による推計。

5．BEC 分類（大区分：Category，中区分：Sub-category）別の集計

　こうしてラベル付けされた相手国別・BEC 分類別輸出入は，大区分および中区分別に集計する。原材料については大区分の下の中区分がない（第4節「貿易財の区分について」の「国連 BEC 分類表」も参照のこと）。

表6-13　BEC 分類集計表

大区分	コード	中区分	コード
素材	BEC1		bec11
中間財	BEC2	加工品	bec21
		部品	bec22
最終財	BEC3	資本財	bec31
		消費財	bec32
その他	BEC9		―

（出所）　筆者作成。

これらの間には以下の等式が成立っている。

$$BEC1 = bec11$$
$$BEC2 = bec21 + bec22$$
$$BEC3 = bec31 + bec32$$
$$BEC9 = Total - (BEC1 + BEC2 + BEC3)$$

　各国モデルで導入する「相手国別・財種別輸入関数」は，この大分類に従ったものであり，各国モデル（EViews 上のワークスペース：WS）にはこれら系列を下記の価格指数で実質化したデータファイルが存在することになる。

6．輸出入価格の連鎖指数の算出

　輸出入価格の計算には Excel-VBA を用い，作成する指数は「連鎖方式」を採用している。連鎖方式を採用する理由としては，

　　⑴　なるべく多くの（両年で一致する）品目を指標作成の根拠とした

いこと

(2)　(寄与率の算出などで齟齬が生じることはあるが)「マクロ的」な大
　まかな流れとして把握しておくことは意味をもつこと

の2点が挙げられる。なお，各年について前年とコードの一致する品目の
Unit Value を Net Weight で加重平均する際，Unit Value が前年比で10倍を
超えた品目は価格指数作成の採用系列からは外している。このため，各年
(の前年とのペア) によっては採用される品目に異同が生ずる場合がある。

7．輸出入価格指数の例

　下に示すフィッシャー (Fisher) 型価格指数は，基準年基準のラスパイレ
ス (Laspires) 型と対象年基準のパーシェ (Paashe) 型の幾何平均である。算
出の過程においてはそれら指数も当然計算してあり，必要に応じて使用も
可能である。ここではフィッシャー型のみ例示している。

表6-14　輸出入価格指数の例

(輸入価格：連鎖方式、フィッシャー型、日本) (一部)

Year	素材 PMBEC1	中間財 PMBEC2	最終財 PMBEC3	総計 PM0
1988	n.a.	n.a.	n.a.	n.a.
1989	1.05431	1.01333	1.02008	1.04563
1990	1.05122	0.97374	1.02668	1.03227
1991	0.98122	0.96451	1.01663	1.01113
1992	1.00947	0.99707	1.01409	1.02381
1993	0.97049	0.99505	0.99289	1.02838
1994	0.9153	0.97641	0.9432	1.0239
1995	1.09875	1.12203	1.01233	0.9904
1996	0.98032	0.95876	0.96782	0.99508
1997	0.96047	0.95067	0.95902	0.99024
1998	0.89591	0.95457	0.91231	0.98604
1999	1.09794	0.96892	1.23255	0.98461
2000	1.12694	1.03959	1.01064	1.02298
...				

(出所)　筆者による推計。

(輸出価格：連鎖方式、フィッシャー型、日本) (一部)

Year	素材 PXBEC1	中間財 PXBEC2	最終財 PXBEC3	総計 PX0
...				
2000	1.0849	1.07118	1.05909	1.02685
2001	0.90338	0.92242	0.90007	1.01363
2002	0.93672	0.95255	0.9237	1.00762
2003	1.0983	1.07707	1.07873	1.01464
2004	1.10692	1.08654	1.10045	1.02377
2005	1.02385	1.01331	1.0106	1.02647
2006	1.13977	1.05159	1.20283	1.03899
2007	1.15451	1.08146	1.08869	1.05146
2008	1.1375	1.12408	1.16169	1.06375
2009	0.95062	0.99628	0.93045	1.05023
2010	1.08161	1.06476	1.03857	1.05288
2011	1.08994	1.11535	0.99895	1.05961
2012	1.0331	1.01089	1.05847	1.05623
2013	0.9085	0.91599	0.88577	1.04673
2014	0.97258	0.95887	0.94658	1.04122

8．リンク参加国の輸出価格と輸入国側の輸入価格

　各国の相手国別・財種別輸入関数には，輸出国側の輸出価格指数が明示的にとり入れられているが，輸出国の輸出価格は輸入側の輸入価格にも当然に影響を与えている。リンクシステムはシミュレーションの各段階において各国の財種別輸出価格（対世界）を収集し，それを各国の輸入シェアで分配（加重平均）した価格指数を作成する。これは「輸入国側からみたリンク参加国全体としての輸出価格指数」とでも呼ぶべき価格指数である。各国モデル側はこれを受けとり，（各国データベースに存在している）輸入価格指数と接続する。この経路が存在することにより，各国の財種別輸出価格指数は他国の輸入価格指数全体に対しても影響をもつことになる。

表6-15　各国の輸出価格をマレーシアの輸入シェアで
分配した価格指数（素材）（一部）

Year	lnkpmb1_usd_mys	lnkpmb1_lc
...		
2000	0.53709	0.63362
2001	0.52619	0.62076
2002	0.52938	0.62452
2003	0.56960	0.67197
2004	0.63567	0.74991
2005	0.67702	0.79599
2006	0.74763	0.85140
2007	0.83821	0.89455
2008	1.02632	1.06288
2009	0.90181	0.98676
2010	1	1
2011	1.16450	1.10626
2012	1.12765	1.08134
2013	1.06371	1.04053

（出所）　筆者による計算。

　リンクシステム内の変数はすべて米ドル建てであるため，最初に各国に戻される変数である表の2列目（lnkpmb1_usd_mys）はマレーシア向けの米ドル建て価格指数であることが明記されている。なお変数名は pmb となっているが，これは各国側からみた輸入価格の「核」という意味でそうラベル付けしている。

　一方3列目はそれを受け取ったマレーシアモデル内で現地通貨（リンギ）建てに換算したものである。

9．競争者価格の算出

　先にみた「競争者価格」は，一つの国（報告国—Reporting Country: RC）が相手国（Partner Country: PC）市場で直面する「自国以外のすべての輸出者」の輸出価格の加重平均である。この指標を，下式（再掲）に従い，報告国ごと，財ごと，相手国市場ごとに（すなわち式ではすべての i，j，g の組み合わせについて）求めておく必要がある。

$$\text{PXC}_{i,j}^{g} = \sum_{k \neq i,j} \left[\frac{a_{kj}^{g0}}{1 - a_{i,j}^{g0}} \right] \text{PX}_k^g$$

　g：財種 PX_k^g は k 国の輸出価格（対世界），括弧内の a_{kj}^{g0} は輸入国（j）の基準年における財種 g の相手先 k からの輸入シェア

　上述のように競争者価格は，各国が各相手国市場で直面する価格であるから，対世界で一つだけ準備すればよい輸出入価格と異なり，相手国（市場）の数だけ準備する必要がある。

表6-16　競争者価格指数の例

Year	韓国が台湾市場で直面する競争者のオファー価格：連鎖方式，フィッシャー型（一部） 素材 PXCB1TWN	中間財 PXCB2TWN	最終財 PXCB3TWN	Year	日本が台湾市場で直面する競争者のオファー価格：連鎖方式，フィッシャー型（一部） 素材 PXCB1TWN	中間財 PXCB2TWN	最終財 PXCB3TWN
1988	n.a.	n.a.	n.a.	...			
1989	n.a.	n.a.	n.a.	2001	0.93152	0.97166	0.96577
1990	0.98303	0.97809	1.00745	2002	1.05626	1.02331	1.02813
1991	0.99555	1.00577	1.03605	2003	1.07539	1.07444	1.11109
1992	1.03703	1.00819	1.05602	2004	1.13369	1.08872	1.04975
1993	1.00051	0.98977	1.00411	2005	1.11528	1.04406	1.01359
1994	1.04529	1.0353	1.02568	2006	1.02884	1.072	1.01908
1995	1.12587	1.14737	1.07176	2007	1.17164	1.10575	1.12253
1996	0.96905	0.94074	1.02099	2008	1.26684	1.12183	1.08823
1997	1.00411	0.99724	0.96664	2009	0.82815	0.91856	0.98003
1998	0.90193	0.89471	0.88861	2010	1.14825	0.9939	0.88922
1999	1.04172	1.02677	1.0252	2011	1.21474	1.09958	1.05206
...				2012	0.94234	1.0052	1.12045
				2013	0.94709	0.99678	1.04778
				2014	0.69824	0.87568	1.05191

（出所）　筆者による推計。

（コラム）R 2 to BEC

　その後，1979年以降をカバーする SITC-Rev. 2（R 2）と BEC との対照表（1860品目）も国連から公表された（R 3 は1988年以降をカバー）が，これを用いて同様の価格指数算出を行ってみたところ，対象品目が少なかったり個別品目価格の動きが不安定だったりすることもあり，満足な集計結果を得ることができなかった。
　一部の国については R 2 と R 3 の両方から BEC 分類の価格指数を作成することができたが，双方で共通の期間について比較してみると，たとえば以下のようになり，とうてい両系列を接続して使うのは無理そうに思われる。

図6-2 （参考）SITC-R2と R3からの BEC 再集計価格指数（米国・最終財輸入価格）

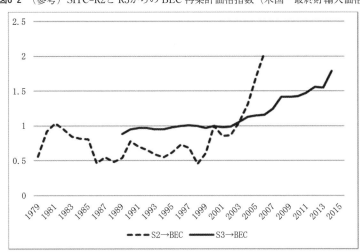

（出所） 筆者作成。

　これは対象品目の多そうな米国の最終財輸入価格指数（ラスパイレス型）
を，双方とも2000年＝１とした指数に換算したものである。より品目数の少
ない国・財種についてはＲ２から再集計した BEC 分類での価格指数自体が上
記の理由からほとんど計算されない場合もあり，事実上Ｒ３のカバーする1988
年以降しか対象期間とできないという制約の主要因となっているのである。

表6-17　SITC-R2と BEC の変換表

no.	SITC-R2	BEC .	no.	SITC-R2	BEC
1	C00111	41	・	・	・
2	C00119	111	1855	C95106	22
3	C00121	111	1856	C95109	22
4	C00122	111	1857	C9610	22
5	C0013	41	1858	C97101	22
6	C00141	111	1859	C97102	22
・	・	・	1860	C97103	22

（出所） 筆者作成。

おわりに

本章ではマクロ計量モデルの一つの応用例として，複数の国のモデルを貿易を通じて相互に接続することにより全体として一つの大きなモデルを構築し，そこに含まれるすべての方程式に整合的な解を求めたい，という要請から生まれた概念である「貿易リンクモデル」を解説してきた。本章は理論的背景というよりはむしろ，計量モデル，リンクモデルを実際に構築してきた経験に基づく実用的な観点からの記述が多くなっている。興味のある方は章末に掲げた文献類を参考にマクロ計量モデルやリンクシステム構築への挑戦を楽しんでいただきたい。

本書の冒頭にも述べているように，マクロ計量モデル（それはリンクモデルの一部を構成するものである）は，それ自体が条件や目的に合わせて変化していくものである。一つの国モデルに変更が加えられれば，それは全体としてのリンクモデルにも変更が加わったことになる。各国モデルに「最終型」がない（進化する可能性を常に秘めている）のとまったく同様にリンクモデルにも最終型は存在しない。

現在のリンクモデル（とその「部品」としての各国モデル）も今後，種々の改訂を経ていくことは当然計画されているので，半年後，一年後には現バージョンとはまた一味異なったものとなっているであろう。

〔注〕────────────

(1) これらモデルの中にはユーロ圏全体をひとつの「国」として取り扱ったモデルがある。また，議論の必要性から ASEAN 加盟国それぞれのモデルを構築してその合計をみるといったことをせず，全体でひとつの「国」とみなしたモデルなども想定できる（Uemura（2000；2001）など）。

(2) 数少ない実例として，大西（1998）の京大モデルで「投資リンク」を行っている。

(3) Uemura（2000）および Uemura（2001）ではこの手法による分析を行っている。

(4) 若干テクニカルな話になるが，自国からの輸入（マレーシアの例でいえば mb1mys など）もこの形式で変数を定義し，数値はすべて 0 を入れておくことにより，「世界全体からの輸入」を定義する式を国によって別々に用意する必要がなくなる点も実務上便利である（$mb1wld = \sum_{i \in all} mb1_{entry_i}$ と定義しておくことができる）。

(5) 非関税障壁についても何らかの方法で関税に読み替えることができれば，以下の分析は同様に行える。

　(6)　わざわざ「基本的に」と断っているが，左辺変数の1期ラグ項が説明変数に附加
　　　される場合や右辺第2項が輸入価格指数単体となる場合があるからであり，本質的
　　　な問題ではない。
　(7)　野田・深尾（2008）ではHS分類データを用いたBEC分類別価格指数を算出して
　　　いるが，HS → SITC-R3 → BEC という，一旦SITCを経由した変換を行っている。

〔参考・関連文献〕

　第2章と同じく，章内で直接引用した文献（冒頭に†を付している文献）　以外にも，
参考となろう関連文献を挙げておくので活用してください。

＜日本語文献＞
†稲田義久 1991.『日米経済の相互依存とリンク・モデル』日本評論社.
†植村仁一編 2016.『アジア長期経済成長のモデル分析(V)』（アジア経済研究所統計資料
　　　シリーズ第100集）アジア経済研究所.
†大西広 1998.『環太平洋諸国の興亡と相互依存』京都大学学術出版会.
小川一夫・斎藤光雄・二宮正司編 1991.『多部門経済モデルの実証研究』創文社.
†尾崎タイヨ 2005.「東アジアリンクモデルとシミュレーション分析」山田光男・木下宗
　　　七編著『東アジア経済発展のマクロ計量分析』中京大学経済学部付属経済研究所
　　　第5章, 103-146.
熊倉正修 2011.「Comtrade データの特徴と使用上の留意点」野田容助・木下宗七・黒子
　　　正人編『国際貿易データを基礎とした貿易指数と国際比較・分析』（調査研究報告
　　　書）アジア経済研究所 23-45.
経済産業研究所 2013.『「RIETI-TID2013」について』経済産業研究所.
†樋田満・山路千波・植村仁一 1994.「アジア工業圏に与える EC市場統合の経済効果」
　　　アジア経済研究所『国際シンポジウム　アジア工業圏への EC統合インパクト～現
　　　状と展望～　報告書』アジア経済研究所　41-83.
†野田容助・深尾京司 2008.「BEC分類の貿易タイプ分け IIT指数と単価指数」野田容助・
　　　黒子正人・吉野久生編『貿易関連指数による国際比較と分析』（調査研究報告書）
　　　アジア経済研究所　125-156.

＜英語文献＞
IDE ELSA Group and IBM-TSC ELSA Group 1985. *The ELSA Link Model.* (ELSA Monograph)
　　　Institute of Developing Economies.
†Nakamura Yoichi. 1990. "A Trade Linkage Subsystem for the ASEAN Link Model," in
　　　ASEAN Link; An Econometric Study, edited by Yoichi Nakamura and Joseph T. Yap
　　　. Singapore: Longman, 216-235.
Statistics Department, IDE ed. 1985. *Econometric Link System for ASEAN —ELSA—, Final*

Report, Vol.II, Institute of Developing Economies.

†Toida Mitsuru, Chinami Yamaji and Jinichi Uemura 1994. "Economic Impact of EC Market Integration on Asian Industrializing Region: Measurement by PAIR LINK Model," in *Impact of EC Integration on Asian Industrializing Region*, edited by Mitsuru Toida. Institute of Developing Economies, 21–53.

†Uemura Jinichi. 2000. "Macroeconomic Impacts in APEC Region: Measurement by APEC Link Model," in *Industrial Linkage and Direct Investment in APEC*, edited by Satoru Okuda. APEC Study Center, IDE-JETRO, 165–224.

†Uemura Jinichi. 2001. "Macroeconomic Impacts under FTA Configuration in the APEC Re-gion," in *APEC in the 21st Century; Selected Issues for Deeper Economic Cooperation*, edited by Satoru Okuda. APEC Study Center. IDE-JETRO, 51–110.

Uemura, Jinichi, ChinamiYamaji and Kazushi Takahashi 2007. "Estimation of FTA Effects with PAIR Minimum Link Model," in *FTAs in East Asia; Final Reports*, edited by Jinichi Uemura. IDE-JETRO, 21–46.

補遺　第2章　識別問題の例

　本論では「誘導型の方程式群を与えられた場合，そこから構造型のパラメータを（式変形等によって）逆算することができるかどうかを考えるのが『識別問題』である」と述べた。

　ここでは，最初に構造型方程式群を提示し，そこからいったん誘導型を導いたのちに，最初の構造型方程式のパラメータを求めなおすことができるかどうか，という手順で確認する。前提として，マクロ的にみた経済は消費と投資からなり（政府および海外部門は無いと仮定），

$$Y = C + I$$

家計（ミクロ）的にみた所得は消費と貯蓄に分配されるとする。

$$Y = C + S$$

これら2式から，

$$I = S$$

が導かれる。

1．モデル1．ちょうど識別

$$I = \beta_1 P + \beta_2 R$$
$$S = \gamma_1 P + \gamma_2 Y$$

I：投資，S：貯蓄，P：物価，R：金利，Y：所得（GDP）

　初めの式は「投資関数」を表し，物価水準と金利で決まると仮定する。2番目の式は「貯蓄関数」であり，物価水準と所得から決まる。このモデルでは，I，SおよびPを内生変数（Pは別の式で内生化されていると仮定），R，Yを外生変数とする（補遺末尾（注）を参照）。さらに単純化のため定数項と誤差項を無視するが，議論の本質は変わらない。条件I＝Sから2式を

P について解くことができる。

$$\beta_1 P + \beta_2 R = \gamma_1 P + \gamma_2 Y$$
$$\Rightarrow \quad P = \frac{1}{\beta_1 - \gamma_1} (\gamma_2 Y - \beta_2 R)$$

この P をもとの式に代入すれば，

$$I = \beta_1 \frac{\gamma_2 Y - \beta_2 R}{\beta_1 - \gamma_1} + \beta_2 R$$

$$S = \gamma_1 \frac{\gamma_2 Y - \beta_2 R}{\beta_1 - \gamma_1} + \gamma_2 R$$

となり，これらを整理すると，

$$I = \frac{\beta_1 \gamma_2 Y - \beta_2 \gamma_1 R}{\beta_1 - \gamma_1}$$

$$S = \frac{\beta_1 \gamma_2 Y - \beta_2 \gamma_1 R}{\beta_1 - \gamma_1}$$

と同一となり，内生変数 P と I を外生変数 R と Y だけの式で書き表せば，

$$P = \frac{1}{\beta_1 - \gamma_1} (-\beta_2 R + \gamma_2 Y)$$

$$I = \frac{1}{\beta_1 - \gamma_1} (-\beta_2 \gamma_1 R + \beta_1 \gamma_2 Y)$$

となる。それぞれの式の係数を改めて別の文字 π と ∅ で表すと

$$P = \pi_1 R + \pi_2 Y$$
$$I = \emptyset_1 R + \emptyset_2 Y$$

と書くことができる。これが I および P についての誘導型表記であり，誘導型パラメータ群 $(\pi_1, \pi_2, \emptyset_1, \emptyset_2)$ はそれぞれ，

$$\pi_1 = \frac{-\beta_2}{\beta_1 - \gamma_1} \ , \ \pi_2 = \frac{\gamma_2}{\beta_1 - \gamma_1}$$

$$\emptyset_1 = \frac{-\beta_2\gamma_1}{\beta_1 - \gamma_1} \ , \ \emptyset_2 = \frac{\beta_1\gamma_2}{\beta_1 - \gamma_1}$$

である。

π_1 と $\emptyset_1$，π_2 と $\emptyset_2$ の比をとれば，

$$\beta_1 = \frac{\emptyset_2}{\pi_2} \ , \ \gamma_1 = \frac{\emptyset_1}{\pi_1}$$

となるから，

$$\beta_1 - \gamma_1 = \frac{\emptyset_2}{\pi_2} - \frac{\emptyset_1}{\pi_1} = \frac{\pi_1\emptyset_2 - \pi_2\emptyset_1}{\pi_1\pi_2}$$

であって，さらにここから，

$$\beta_2 = -\pi_1 (\beta_1 - \gamma_1) = -\pi_1 \left(\frac{\pi_1\emptyset_2 - \pi_2\emptyset_1}{\pi_1\pi_2}\right) = \frac{\pi_2\emptyset_1 - \pi_1\emptyset_2}{\pi_2}$$

$$\gamma_2 = \pi_2 (\beta_1 - \gamma_1) = \pi_2 \left(\frac{\pi_1\emptyset_2 - \pi_2\emptyset_1}{\pi_1\pi_2}\right) = \frac{\pi_1\emptyset_2 - \pi_2\emptyset_1}{\pi_1}$$

と，誘導型パラメータから構造型パラメータが完全に逆算できることが示される。これをもって，この同時方程式群は「ちょうど識別」される，という。

2．モデル2．識別不能

上のモデルを若干変更して，投資関数の側に金利変数が導入されていない以下のモデルを考える（内生変数：I，S，P；外生変数：Y）。

$$I = \beta_1 P$$

$$S = \gamma_1 P + \gamma_2 Y$$

上と同様の展開を進めると，

$$P = \frac{\gamma_2}{\beta_1 - \gamma_1} Y$$

$$I = (S =) \frac{\beta_1 \gamma_2}{\beta_1 - \gamma_1} Y$$

が得られ，ここから，

$$\beta_1 = \frac{\emptyset_2}{\pi_2}$$

までは得られるが，他の構造型パラメータ γ_1および γ_2は求めることができない。

　この場合，誘導型パラメータから構造型パラメータを逆算することが不可能であるので「識別不能」という。

3．モデル3．過剰識別

　改めて上のモデルを若干変更して，貯蓄関数にその他の（外生）変数が導入されたモデルを考える（内生変数：I, S, P；外生変数：R, Y, Z）。

$$I = \beta_1 P + \beta_2 R$$

$$S = \gamma_1 P + \gamma_2 Y + \gamma_2 Z$$

同様に展開を進めると，今度は

$$P = \frac{1}{\beta_1 - \gamma_1} (-\beta_1 R + \gamma_2 Y + \gamma_3 Z)$$

$$I = \frac{1}{\beta_1 - \gamma_1} (-\beta_2 \gamma_1 R + \beta_1 \gamma_2 Y + \beta_1 \gamma_3 Z)$$

となり，誘導型パラメータ群を以下のようにあらわすことができる。

$$\pi_1 = \frac{-\beta_1}{\beta_1 - \gamma_1}, \quad \pi_2 = \frac{\gamma_2}{\beta_1 - \gamma_1}, \quad \pi_3 = \frac{\gamma_3}{\beta_1 - \gamma_1}$$

$$\emptyset_1 = \frac{-\beta_2 \gamma_1}{\beta_1 - \gamma_1}, \quad \emptyset_2 = \frac{\beta_1 \gamma_2}{\beta_1 - \gamma_1}, \quad \emptyset_3 = \frac{\beta_1 \gamma_3}{\beta_1 - \gamma_1}$$

この時, β_1 は

$$\beta_1 = \frac{\emptyset_2}{\pi_2}, \qquad \beta_1 = \frac{\emptyset_3}{\pi_3}$$

という2つのちがう方法で表すことができることがわかる。このような場合, モデルは「過剰識別」されるという。

4. 識別の階数条件 (order condition)

モデルを構成する各式が識別されるかどうかは, モデル全体および注目する式に含まれる内生・外生変数の数によって判定することができる。

モデル全体に含まれる内生変数の数を M, 外生変数の数を K とする。また, 注目する式に含まれる内生, 外生変数の数をそれぞれ m, k とするとき, 次の関係が成立つ。

$m + k - 1 > K$ 　過少識別 (識別不能)

$m + k - 1 = K$ 　ちょうど識別

$m + k - 1 < K$ 　過剰識別

ただし, これは識別の必要条件であって十分条件ではないことに注意されたい。

上記の3モデルについてこの条件を確かめておく。

モデル1 (ちょうど識別のケース) (内生変数：I, S, P；外生変数：R, Y)

$M = 3$, $K = 2$	m	k	$m + k - 1$		判　定
$I = \beta_1 P + \beta_2 R$	2	1	2	$= K$	ちょうど識別
$S = \gamma_1 P + \gamma_2 Y$	2	1	2	$= K$	ちょうど識別

モデル2 (過少識別のケース) (内生変数：I, S, P；外生変数：Y)

$M = 3$, $K = 1$	m	k	$m + k - 1$		判　定
$I = \beta_1 P$	2	0	1	$= K$	ちょうど識別
$S = \gamma_1 P + \gamma_2 Y$	2	1	2	$> K$	過小識別

モデル3 (過剰識別のケース) (内生変数：I, S, P；外生変数：R, Y, Z)

$M = 3$, $K = 3$	m	k	$m + k - 1$		判　定
$I = \beta_1 P + \beta_2 R$	2	1	2	$< K$	過剰識別
$S = \gamma_1 P + \gamma_2 Y + \gamma_3 Z$	2	2	3	$= K$	ちょうど識別

となり，上の条件が成り立っていることが確認される。

（注）　ここではPを内生変数として議論しているが，Pが外生変数であれば，
　　　これらの式はそのまま誘導型であることになる。

補遺　第5章　人口データについて

1．人口データについて

　人口データについては，国によってデータが1歳間隔のデータがそろっている場合と，5歳間隔のデータしかない場合がある一方，データが5年おき，もしくは10年おきしかない場合もある。その場合は線形補間により，1歳間隔の各年のデータを作成した。

付表1　各国・地域の各年の人口データの整備状況

	1988	1989	1990	1991	1992	1993	1994	1995	1996	1997	1998	1999	2000	2001
中国	1歳標		1歳セ	1歳標	1歳標	1歳標	1歳標	1歳標	1歳標	1歳標	1歳標	1歳標		1歳標
香港				1歳セ				1歳中						1歳セ
台湾	1歳央	1歳央	1歳央	1歳央	1歳央	1歳央	1歳央	1歳中	1歳央	1歳央	1歳央	1歳央	1歳央	1歳央
韓国	1歳央	1歳央	1歳央	1歳セ	1歳央	1歳央	1歳央	1歳央	1歳央	1歳央	1歳央	1歳央	1歳央	1歳央
日本	1歳央	1歳央	1歳セ	1歳央	1歳央	1歳央	1歳央	1歳央	1歳央	1歳央	1歳央	1歳央	1歳セ	1歳央
ベトナム	n.a.	1歳セ					5歳中				1歳セ			
インドネシア			1歳セ					1歳中					1歳セ	
フィリピン			5歳セ					5歳中					5歳セ	
マレーシア	5歳央	5歳央	5歳央	5歳央	5歳央	5歳央	5歳央	5歳央	5歳央	5歳央	5歳央	5歳央	5歳央	5歳央
タイ			1歳セ					5歳中					1歳セ	
シンガポール	5歳央	5歳央	5歳央	5歳央	5歳央	5歳央	5歳央	5歳央	5歳央	5歳央	5歳央	5歳央	5歳央	5歳央

	2002	2003	2004	2005	2006	2007	2008	2009	2010	2011	2012	2013	2014	2015
中国	1歳標	1歳標	1歳標	1歳標	1歳標	1歳標	1歳標	1歳セ	1歳標	1歳標	1歳標			
香港					1歳中					1歳セ	1歳予	5歳予	5歳予	5歳予
台湾	1歳央	1歳央	1歳央	1歳中	1歳央	1歳央	1歳央	1歳央	1歳央	1歳央	1歳央	1歳央	1歳央	1歳央
韓国	1歳央	1歳央	1歳央	1歳央	1歳央	1歳央	1歳央	1歳央	1歳央	1歳央	1歳央	1歳央	1歳央	1歳央
日本	1歳央	1歳央	1歳央	1歳セ	1歳央	1歳央	1歳央	1歳央	1歳央	1歳央	1歳央	1歳央	1歳央	1歳セ
ベトナム									1歳セ	5歳予	5歳予	5歳予	5歳予	5歳予
インドネシア			1歳中							1歳セ	5歳予	5歳予	5歳予	5歳予
フィリピン										5歳セ	5歳予	5歳予	5歳予	5歳予
マレーシア	5歳央	5歳央	5歳央	5歳央	5歳央	5歳央	5歳央	5歳央	5歳央	5歳央	5歳央	5歳央	5歳予	5歳予
タイ				5歳中						1歳セ	5歳予	5歳予	5歳予	5歳予
シンガポール	5歳央	5歳央	5歳央	5歳央	5歳央	5歳央	5歳央	5歳央	5歳央	5歳央	5歳央	5歳央	5歳央	5歳央

（出所）　筆者作成。
（注）　1）　1歳セ：1歳間隔の人口センサス・データ，1歳標：1歳間隔の標本人口調査データ（中国），1歳中：1歳間隔の1歳センサス間人口調査のデータ，1歳央：1歳間隔の人口動態調査に基づく確報値，5歳セ：5歳間隔のセンサス・データ，5歳中：5歳間隔のセンサス間人口調査のデータ，5歳央：5歳間隔の年央推計のデータ，5歳予：5歳間隔の人口予測データ。
　　　2）　台湾、韓国、日本のデータは渡邉雄一委員、中国の一部のデータは植村仁一主査の調べに基づく。

付表1は各国・地域の人口データの整備状況を示したものである。①人口センサスが実施された年で1歳間隔のデータがある年は「1歳セ」，②5歳間隔のデータしかない場合は「5歳セ」と記載されている。日本の場合は人口センサスが行われていない年は，付表1に「1歳央」と示されているように，出生や死亡，転入や転出の人口動態統計に基づく年度央値を発表している。このため，毎年1歳間隔のデータが整備されており，線形補間の必要はない。このほか，韓国は人口推計値，台湾は日本と同様に年央値をそれぞれ発表しているため，線形補間の必要はない。

　中国については，人口センサスが実施された年以外の年は，一定の標本調査を実施している。しかしながら，その合計が総人口ではないので，各年齢のシェアを求め，そのシェアに総人口を乗じ，各年齢の人数を小数点がないよう再推計した。なお，1989年と2000年に関しては，それぞれ前後の年の同じコーホートに基づいた推計を行った。

　シンガポールとマレーシアは，人口センサスのデータを用いずに毎年発表されている5歳間隔の年央値（付表1の「5歳央」）のデータを用いた。補論Aで紹介したFair and Dominguez（1991）のモデルは，5歳間隔のデータでも推定可能であるが，ほかの国と比較をするため，5歳間隔の数字を1歳間隔の数字に変換を施した。なお，香港，ベトナム，インドネシア，フィリピン，タイの直近のセンサス実施年の後の年については，5歳間隔の予測値（付表1の「5歳予」）のデータを用いており，マレーシアやシンガポールと同様に5歳間隔のデータを1歳間隔に変換した。

　香港，ベトナム，インドネシア，タイについては，人口センサスが行われた年は1歳間隔の人口が公表されているので，そのデータを用いた。このうち，香港とインドネシアはセンサス間人口調査が行われた年も1歳間隔の人口が示されている。また，タイの場合センサス間人口調査が行われた年は5歳間隔のデータしか公表されていないことから，それらの年のデータを1歳間隔に変換した。ベトナムは，2005年のセンサス間人口調査が未詳となっている。一方，センサスやセンサス間人口調査が実施されていない年の数字を，前後の同じコーホートなどに基づいて，線形補間をすることで人口を推計していった。

　フィリピンに関しては，5年ごともしくは10年ごとの5歳間隔の人口セ
ンサスないしはセンサス間人口調査のデータをまずは1歳間隔に変換した
うえで，同じコーホートに基づいた線形補間などを施すことで，その他の
年の人口を推計した。

2．5歳間隔のデータを1歳間隔に変換する方法

　Microsoft Excel を用いて5歳間隔のデータを1歳間隔にする方法を付図
1に示す。まず，5歳間隔のデータを5で除し，各階級の中間年齢である
2歳，7歳，12歳，…のセルに入れる。つぎに3歳から6歳までのセルを，
2歳と7歳のセルにある数字との間で線形補間を施し，同様に8歳から11
歳，13歳から16歳，…のセルの数字を求めていく。
　今度は0〜5歳の人口を，これまでのプロセスでセルに入っているシェ
アに基づいて分けていく。なお，0歳と1歳の人口については，2歳のセ
ルに入っている人口を2倍し，同じコーホートである2年後の2歳と3歳
の割合を掛けることで求める。また，付図の68歳と69歳の年齢人口は，67
歳のセルに入っている人数を2倍し，同じコーホートである2年前の66歳
と67歳の人口の割合を乗じることで求めている。

3．前後の年のコーホートに基づく線形補間の方法

　付図2では人口センサスやセンサス間人口調査が実施されていない年の
数字を，実施された年の人口をもとに線形補間をして求める方法を示して
いる。第1段階は，データがすでに存在する列の濃い四角で囲ったセルの
数字をもとに，挟まれた同じく淡い四角のセルの数字を推計する。セルは
左上から右下の斜め方向に同じコーホートで，コーホート間で線形補間す
る。この方法で2006年の1歳から2009年の73歳までの数字を推計する。ここ
で薄く塗って示されているセルは，まだ人数が推計されていない。
　第2段階は，2006〜2009年の0歳の人口を，2005年と2010年の黒い四角で
囲まれた同じく0歳の人口で線形補間する一方，同様に74歳と75歳以上の

付図1　5歳間隔のデータを1歳間隔のデータに補間する方法

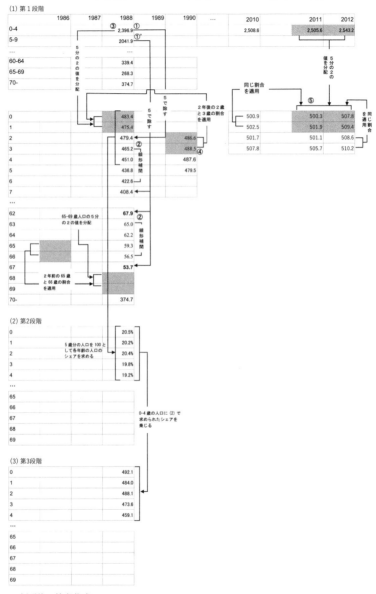

（出所）　筆者作成。

付図2　人口の線型補間の方法

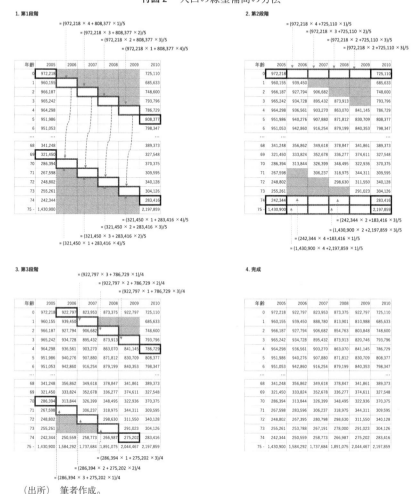

（出所）　筆者作成。

人口を線形補間で求める。

　こうして最後に，6つのセルが残され，第3段階で示すように2005年の70歳のセルと2009年の74歳のセルをもとに，2006年の71歳，2007年の72歳，2008年の73歳のセルを線形補間で求める。同様に2005年の71歳のセルと2008

年の74歳のセルをもとに，2006年の72歳と2007年の73歳のセルを求める。さらに2005年の72歳のセルと2007年の74歳のセルをもとに，2006年の73歳のセルが求まり，すべてのセルが埋められる。

4．各国・地域の人口データのソース

各国・地域の人口データのソースを以下に示す。

＜中国＞
国家統計局人口統計司編 1900.『中国統計年鑑 1990』科学技術文献出版社.
───1992−1993.『中国人口統計年鑑』1992−1993. 中国統計出版社.
国家統計局人口和就業統計司編 1994−1998.『中国人口統計年鑑』1994−1998. 中国統計出版社.
国家統計局人口和社会科技統計司編 1999−2000, 2002−2004.『中国人口統計年鑑』1999−2000, 2002−2004. 中国統計出版社.
国家統計局人口和就業統計司編 2005−2014.『中国人口和就業統計年鑑』2005−2014. 中国統計出版社.

＜香港＞
Census and Statistics Department 1987. *Hong Kong 1986 By-Census, Main Report Volume 2.*
─── 1992. *Hong Kong 1991 Population Census, Main Tables.*
─── 1996. *1996 Population By-Census, Tables for District Board Districts and Constituency Areas: Population by Age and Sex.*
Census and Statistics Department 2012. *Hong Kong Population Projection 2012−2041.*
Census and Statistics Department. Special Administrative Region 2002. *2001 Population Census, Main Tables.*
─── 2007. *2006 Population By-Census, Main Tables.*
　　http://www.statistics.gov.hk/pub/B11200512006XXXXB0400.pdf

＜台湾＞
http://sowf.moi.gov.tw/stat/year/elist.htm

＜韓国＞
http://kosis.kr/statHtml/statHtml.do?orgId=101&tblId=DT_1B01001&conn_path=I3

<日本>
http://www.e-stat.go.jp/SG1/estat/List.do?bid=000000090004

<ベトナム>
Central Census Steering Committee 1991. *Vietnam Population Census 1989, Volume I: Po pulation of Vietnam*. Hanoi; Statistical Publishing House.

Central Population and Housing Census Steering Committee 2010. *The 2009 Vietnam Po pulation and Housing Census: Completed Results*. Hanoi; GSO.

GSO（General Statistics Office）1997. *Vietnam Inter-Censal Demographic Survey 1994, Population Structure and Household Composition*. Hanoi; Statistical Publishing House.

――― 2001. *Population and Housing Census Vietnam 1999: Completed Census Results*. Hanoi ; GSO.

――― 2011. *Population Projection for Vietnam, 2009–2049*. Hanoi; GSO.http://www.gso. gov.vn/default_en.aspx?tabid=515&idmid=5&ItemID=11013

<インドネシア>
Biro Pusato Statistik 1982. *Population of Indonesia, Results of the Sub-Sample of the 1980 Population Census*

――― 1987. *Population of Indonesia, Results of the 1985. Inter-censal Population Survey, Series: No. 5.*

――― 1992. *Population of Indonesia, Results of the 1990. Population Census, Series: S2.*

――― 1996. *Population of Indonesia, Results of the 1995 Intercensal Population Survey, Series : S2.*

Badan Pusat Statistik 2001. *Population of Indonesia. Results of the 2000 Population Census, Series: L2. 2.*

――― 2006. *Population of Indonesia. Results of the 2005 Intercensal Population Survey, Series : S1.*

――― 2011. *Statistik Penduduk Lanjut Usia Indonesia 2010, Hasil Sensus Penduduk 2010*. http://sp2010.bps.go.id/index.php/site/tabel?tid=262&wid=0 http://bappenas.go.id/files/5413/9148/4109/Proyeksi_Penduduk_Indonesia_201 0-2035.pdf

<フィリピン>
National Economic and Development Authority [Various years]. *Philippine Statistical Ye arbook*, 1991, 1994, 2000, 2010, 2014, 2015. Manila; NEDA.

<マレーシア>
Department of Statistics, Malaysia [Various years] *Yearbook of Statistics Malaysia*, 1987, 1993-2013. Kuala Lumpur.

———— 2014. "Malaysia Statistics Yearbook, 2014." Kuala Lumpur. ［マレーシア統計局サ
    イトより引用］

<タイ>
National Statistical Office. Office of Prime Minister ［n. d.］ *The Report of Population
    Characteristics, The 1984 Survey of Population Change*. Bangkok; NSO.
———— 1994. *1994 Population and Housing Census, Whole Kingdom*. Bangkok; NSO.
———— ［n. d.］ *The Report of Population Characteristics The 1995–1996, Survey of Population
    Change*. Bangkok; NSO.
———— 2002. *The 2000 Population and Housing Census, Whole Kingdom*. Bangkok; NSO.
———— 2005. *Report of Population Characteristics The 2005–2006, Survey of Population
    Change*. Bangkok; NSO.
———— 2012. *The 2010 Population and Housing Census, Whole Kingdom*. Bangkok; NSO.
———— 2015. *Statistical Yearbook Thailand 2015*. Bangkok; NSO.

<シンガポール>
Department of Statistics. Singapore 1994–2014. *Yearbook of Statistics Singapore 1994–2014*.
———— 2016. *Population Trends 2016*. Singapore.

補遺　第6章　ドル建てと各国通貨建て

ドル建て貿易（国連　ComTrade）と各国通貨建て（国民経済計算）との接続について簡単に考察する。

各国モデルはすべて自国通貨ベースで動いており（ユーロ地域モデルは合算でユーロベース），構造方程式は基本的に2010年固定価格（補遺末尾，注を参照）ベースとなっている。一方，Comtrade データベースから抽出する輸出入データはすべて米ドル建てである。このため，各国間で財種別に定式化されている輸入関数群は，被説明変数部分は米ドル建て（実質）である一方で，説明変数群には各国 GDP など各国通貨（実質）であるものも多い。従って，貿易リンク側と各国モデル側で通貨単位が異なることとなる。

ここでは，被説明変数を各国通貨建てにする（あるいは説明変数群をドル建てにする）必要がないことを説明しておく。

輸入関数の定式化に用いられるデータは上記のとおり，

(左辺側) 実質財輸入：財貿易（名目ドル）を輸出入価格（ドル建て価格指数）で実質化
(右辺側) 実質変数と比率等の変数（実質各国通貨）

例として，ある報告国の，相手国 Pcnt（Partner Country）からの第1財種（素材）輸入関数の定式化をみる。

$$MB\_Pcnt = f[GDP, PM/PGDP, PX1\_Pcnt/PXC1\_Pcnt]$$

右辺第1項は報告国通貨で表記された実質 GDP，第2項は報告国通貨ベースの輸入価格と一般物価の比率，第3項は米ドルベースの相手国の第1財種輸出価格と相手国の競争者全体の同輸出価格である。第2項，第3項については同一通貨ベース同士での価格比率であるから，それぞれは無名数となり，考慮する必要はない。従ってこの式を問題の部分だけに単純化すると以下のようになる。

(a)　　　$MB1\_Pcnt = f[GDP]$

両辺とも数量ベースであるため，ここに為替データは介在しない。させるとすれば，全期間にわたって前者に「基準年の為替レート」（すなわち定数）を乗ずることで各国通貨建てにするため，定数項への効果としてしか現れない。

　これを検証してみよう。まず，報告国の GDP 名目額を，ドル建てと現地通貨建てで表したものをそれぞれ

　　　GDPV$
　　　GDPV

とする。ここで，V は名目値であることを示す。また，各年の為替レート（実数）を Exr とすると，当然，

　　　(b)　　　GDPV$＝GDPV / Exr

である。

　一方，ドル建て，現地通貨建て GDP デフレータをそれぞれ

　　　PGDP$
　　　PGDP

とすると，

　　　(c)　　　PGDP$＝PGDP / Exr Idx

である。ここで，Exr Idx は基準年の為替レートを 1 とする（各年の為替レートを基準年の値で除した）指数である。つぎに，ドル建て，現地通貨建ての実質 GDP はそれぞれ，

　　　GDP$＝GDPV$ / PGDP$
　　　GDP＝GDPV / PGDP

で定義される。ドル建て実質 GDP の右辺に上の関係式 (b)(c) を当てはめると，

$$GDP\$ = GDPV\$ \,/\, PGDP\$$$

$$= \frac{GDPV \,/\, Exr}{PGDP \,/\, Exr\_Idx}$$

$$= \frac{GDPV \,/\, PGDP}{Exr \,/\, Exr\_Idx}$$

となるが，この分子は各国通貨建ての実質 GDP，分母は Exr Idx の定義から基準年の為替レートそのもの（すなわち定数）に他ならない。

　一方左辺の貿易額ははじめから実質米ドル建てであるから式(a)には明示的に為替レートを導入する必要はないことがわかる。

　（注）　実質化するための価格指数が連鎖方式で作成されている国もあるため，そういう国では厳密な意味での実質化ではなく，基準年以外の年には 0 でない統計的不突合が発生する。また，Comtrade データベースから作成した財種別輸出入も，価格指数は連鎖方式であるため同様の問題点は存在している。

執筆者一覧（執筆順）

田口　博之（埼玉大学経済学部教授）

ブー・トゥン・カイ（法政大学経済学部准教授）

植村　仁一（アジア経済研究所開発研究センター主任調査研究員）

渡邉　雄一（アジア経済研究所地域研究センター東アジア研究グループ）

ケオラ・スックニラン（在バンコク海外研究員）

石田　正美（アジア経済研究所開発研究センター長）

［アジ研選書 No.47］

マクロ計量モデルの基礎と実際
——東アジアを中心に——

2018 年 1 月 25 日発行　　　　　　　定価［本体 2600 円＋税］

編　者　　植村　仁一
発行所　　アジア経済研究所
　　　　　独立行政法人日本貿易振興機構
　　　　　千葉県千葉市美浜区若葉 3 丁目 2 番 2　〒261-8545
　　　　　研究支援部　　電話　043-299-9735　（販売）
　　　　　　　　　　　　FAX　043-299-9736　（販売）
　　　　　　　　　　　　E-mail　syuppan@ide.go.jp
　　　　　　　　　　　　http://www.ide.go.jp

印刷所　　岩橋印刷株式会社

出 版 案 内
「アジ研選書」

47 マクロ計量モデルの基礎と実際
東アジアを中心に

植村仁一編　　　　2018年 204p.　2600円

分析手法としてのマクロ計量モデルの歴史、構築のイロハから各国での活用例、大規模モデルへの発展まで、東アジアを中心として解説する。また、今後何地域が直面していくであろう高齢化といった問題を取り込む試みも行う。

46 低成長時代を迎えた韓国

安倍　誠編　　　　2017年 203p.　2500円

かつてのダイナミズムを失って低成長と格差の拡大に苦しむ韓国の現在を、産業競争力と構造調整、高齢化と貧困、非正規雇用、社会保障政策の各テーマを中心に描き出す。

45 インドの公共サービス

佐藤創・太田仁志編　　2017年 259p.　3200円

1991年の経済自由化から4半世紀が経過した今日、国民生活に重要なインドの公共サービス部門はどのような状況にあるのか。本書では飲料水、都市ごみ処理等の公共サービスの実態を明らかにし、またその改革の方向を探る。

44 アジアの航空貨物輸送と空港

池上　寛編　　　　2017年 276p.　3400円

国際物流の一端を担う航空貨物は、近年アジアを中心に取扱量を大きく増加させている。本書ではアジアの主要国・地域の航空貨物についてとりあげ、またASEANやインテグレーターの動きも検討した。

43 チャベス政権下のベネズエラ

坂口安紀編　　　　2016年 245p.　3100円

南米急進左派の急先鋒チャベス政権の14年間はベネズエラにとってどのような意味をもつのか。また彼が推進したボリバル革命とは何なのか。政治、社会、経済、外交の諸側面からその実態をさぐる。

42 内戦後のスリランカ経済
持続的発展のための諸条件

荒井悦代編　　　　2016年 313p.　3900円

26年にわたる内戦を終結させ、高い経済成長と政治的安定を実現したスリランカ。成長の原動力は何だったのか。南アジアの小さな多民族国家にとってさらなる経済発展のために何が必要か探る。

41 ラテンアメリカの中小企業

清水達也・二宮康史・星野妙子著　2015年 166p.　2100円

製造拠点や消費市場として注目を集めるラテンアメリカ。中小企業の特徴、産業クラスターの形成、特有の企業文化、中小企業振興政策など、中小企業に関する情報を提供する。

40 新興民主主義大国インドネシア
ユドヨノ政権の10年とジョコウィ大統領の誕生

川村晃一編　　　　2015年 333p.　4100円

政治的安定と経済成長を達成し、新興国として注目されるインドネシア。ユドヨノ政権10年の成果と限界を分析しながら、2014年のジョコ・ウィド大統領誕生の背景と新政権の課題を考える。

39 ポスト軍政のミャンマー
改革の実像

工藤年博編　　　　2015年 225p.　2900円

23年間の軍事政権から、民政移管で誕生したテインセイン政権。民主化と経済開放を一気に進め「アジア最後のフロンティア」に躍り出たミャンマーでは、なにが変わり、なにが変わらないのか。

38 アジアの障害者教育法制
インクルーシブ教育実現の課題

小林昌之編　　　　2015年 228p.　2900円

アジア7カ国の障害者教育法制に焦点を当て、障害者権利条約が謳っている教育の権利、差別の禁止、インクルーシブ教育の実現に向けての各国の実態と課題を考察する。

37 知られざる工業国バングラデシュ

村山真弓・山形辰史編　　2014年 430p.　5400円

「新・新興国」バングラデシュ。その成長の源泉は製造業にある。世界第2のアパレル以外にも芽吹き始めた医薬品、造船、ライト・エンジニアリング、食品、皮革、IT、小売等、各産業の現状と課題を分析する。